公路隧道
标准化施工技术指南

STANDARDIZATION OF CONSTRUCTION TECHNOLOGY GUIDE FOR HIGHWAY TUNNEL

任尚强　王建华　郭　军　林　志　叶建虎　编著

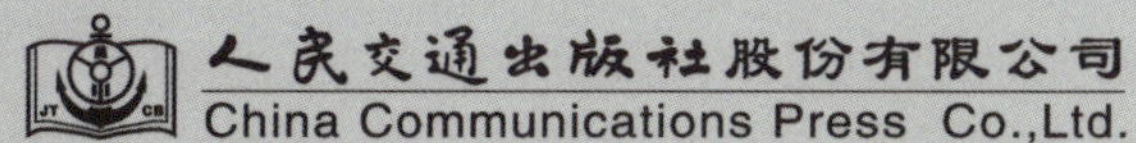

内 容 提 要

本指南共十章，主要内容包括施工准备、洞口工程、洞身开挖、初期支护、隧道防排水、仰拱与铺底、二次衬砌、超前地质预报和监控量测、路面及附属工程、安全管理与文明施工，系统归纳小净距隧道、连拱隧道和分离式隧道常用的施工方法，提出了各种施工方法的要点，归纳了公路隧道施工中存在的常见质量问题，涵盖公路隧道施工的主要内容。

本指南编写注重实用性，可供从事隧道及地下工程的管理、设计、施工以及科研人员参考使用。

图书在版编目(CIP)数据

公路隧道标准化施工技术指南 / 任尚强等编著. —
北京 : 人民交通出版社股份有限公司, 2014.7
ISBN 978-7-114-11632-2

Ⅰ. ①公… Ⅱ. ①任… Ⅲ. ①公路隧道—隧道施工—标准化管理—指南 Ⅳ. ①U459.2-62

中国版本图书馆CIP数据核字(2014)第189935号

书　　名：公路隧道标准化施工技术指南
著 作 者：任尚强　王建华　郭　军　林　志　叶建虎
责任编辑：周　宇　牛家鸣
出版发行：人民交通出版社股份有限公司
地　　址：(100011)北京市朝阳区安定门外外馆斜街3号
网　　址：http://www.ccpress.com.cn
销售电话：(010)59757973
总 销 售：人民交通出版社股份有限公司发行部
经　　销：各地新华书店
印　　刷：北京市密东印刷有限公司
开　　本：787×980　1/16
印　　张：11.5
字　　数：170千
版　　次：2014年12月　第1版
印　　次：2014年12月　第1次印刷
书　　号：ISBN 978-7-114-11632-2
定　　价：45.00元

前　言 Preface

根据交通运输部发布的数据，截至2013年，我国公路隧道拥有量达11 359处，合计9 605.6km，2005～2013年间年平均增长约711km，隧道拥有量世界排名第一，在建和即将建设的隧道层出不穷，而且增长之势不减。我国隧道保有量有质的突破和增长，但在隧道数量增长的同时，质量、安全问题也不容忽视。正在运营的隧道有不少出现了渗漏水、二次衬砌拱顶空洞等问题，对隧道的运营安全构成潜在威胁；另一方面，隧道建设过程中安全事故频发、开挖质量不佳、材料控制措施没有得到根本落实、衬砌厚度不够等问题比较突出，暴露出有些施工企业的安全、质量意识淡薄，过程管理松散、流于形式。

工程质量是隧道建设的灵魂，不仅关乎隧道的使用寿命，而且关系到隧道施工期间人员和设备的安全。优秀的隧道设计作品需要优秀的施工企业来展现，需要施工人员的严格管理和精心施作才能一步步成为现实。在设计作品演变成实体的过程中，隧道工程质量的优劣与人员素质、管理技能、工艺质量保证措施、隧道施工方法、文明施工程度等诸多方面存在密切联系。

因此，对公路隧道施工质量的技术、工艺保证措施、安全保证措施和施工方法等进行总结、提炼，用通俗易懂的语言并辅以图文并茂的形式编撰成册，无疑对提高隧道施工质量具有积极意义。本指南通过笔者多年的积累，注意发现隧道施工过程中存在的种种质量通病，收集、整理正反两方面反映隧道工程质量的典型图片，以图文并茂、直观易懂的形式编写而成。

值得指出的是，针对庞大的隧道建设规模，需要训练有素的专业施工队伍，亟需通过教育培训提高广大产业工人的施工技术水平，发挥教育培训的重要作用。应该指出，教育培训需要适应培训对象的教育程度和文化水平，需要通过浅显易懂的语言、图文并茂的形式传授知识。也正是考虑到这一点，编者认为编写《公路隧道标准化施工技术指南》十分必要，也期望对正在建设的公路隧道尽一点绵薄之力。

本指南主要内容包括施工前期准备，洞口工程、洞身开挖，初期支护、隧道防排水，仰拱与铺地和二次衬砌的常见质量问题，超前地质预报和监控量测要点，路面及附属工程，安全文明施工管理等。提出了各种施工方法的要点，归纳了公路隧道施工中存在的常见质量问题，基本涵盖公路隧道施工的主要内容。

本指南由招商局重庆交通科研设计院有限公司的任尚强、王建华、郭军、林志、叶建虎共同编写。本指南的编写更注重实用性，故可供从事隧道及地下工程的管理、设计、施工以及科研人员参考使用。

限于编者水平和隧道涉及专业的广泛性，书中错误在所难免，不当之处，敬请广大读者批评指正。

作　者

2014年10月

目　录 Contents

1　施工准备 …… 1

1.1　驻地建设 …… 1

1.2　隧道施工安全 …… 3

1.3　雨季施工 …… 10

1.4　拌和站 …… 12

1.5　施工供风、供水、供电 …… 16

1.6　弃渣场、自办料场、炸药库 …… 17

1.7　技术准备 …… 18

2　洞口工程 …… 25

2.1　施工前准备工作 …… 25

2.2　施工工艺 …… 26

2.3　常见的质量问题 …… 32

3　洞身开挖 …… 34

3.1　隧道超欠挖控制 …… 35

3.2　预留变形量的设置 …… 40

3.3　病害类型 …… 42

3.4　分离式隧道 …… 49

3.5　连拱隧道 …… 55

3.6　小净距隧道 …… 58

3.7　中隔壁法（CD法） …… 60

Contents

3.8 交叉中隔壁法（CRD法） …… 63
3.9 双侧壁导坑法 …… 64
3.10 环形导坑留核心土法 …… 67
3.11 台阶法 …… 70
3.12 全断面法 …… 72
3.13 光面爆破 …… 73
3.14 傍山棚洞 …… 74

4 初期支护 …… 76

4.1 喷射混凝土 …… 77
4.2 锚杆施工 …… 83
4.3 钢筋网 …… 88
4.4 钢架制作和安装 …… 91
4.5 小导管预注浆 …… 98

5 隧道防排水 …… 100

5.1 防水材料质量要求 …… 100
5.2 防水板施工 …… 100
5.3 止水带 …… 103
5.4 止水条 …… 104
5.5 排水 …… 106
5.6 施工防排水 …… 108

Contents

6 仰拱与铺底 …………………………………… 110

6.1 仰拱与铺底流程 …………………………………… 110

6.2 一般要求 …………………………………… 110

6.3 施工要点 …………………………………… 113

6.4 常见的质量问题 …………………………………… 115

7 二次衬砌 …………………………………… 116

7.1 矮边墙施工 …………………………………… 116

7.2 二次衬砌台车 …………………………………… 117

7.3 二次衬砌钢筋制作、安装 …………………………………… 119

7.4 二次衬砌 …………………………………… 121

7.5 常见的质量问题及预防 …………………………………… 123

8 超前地质预报和监控量测 …………………… 130

8.1 一般要求 …………………………………… 130

8.2 监测内容、频率 …………………………………… 131

8.3 监测单位资格条件 …………………………………… 132

8.4 对监测单位的要求 …………………………………… 132

8.5 超前地质预报 …………………………………… 133

8.6 监控量测 …………………………………… 137

8.7 量测要点 …………………………………… 140

8.8 量测数据处理与应用 …………………………………… 143

Contents

8.9　量测资料 ………………………………………… 144
8.10　竣工后量测 ……………………………………… 145

9　路面及附属工程 ……………………… 146

9.1　水沟、电缆沟 …………………………………… 146
9.2　洞门工程 ………………………………………… 147
9.3　预留、预埋和横通道 …………………………… 148
9.4　蓄水池、消防管道 ……………………………… 149
9.5　路面 ……………………………………………… 150

10　安全管理与文明施工 ……………… 155

10.1　安全管理 ……………………………………… 155
10.2　高处作业 ……………………………………… 157
10.3　开挖与运输 …………………………………… 158
10.4　支护与衬砌 …………………………………… 161
10.5　斜（竖）井开挖与运输 ……………………… 162
10.6　通风、防尘 …………………………………… 167
10.7　防火、防水 …………………………………… 167
10.8　电气设备 ……………………………………… 168
10.9　软岩与不良地质隧道作业 …………………… 169
10.10　文明施工 ……………………………………… 170

参考文献……………………………………… 174

1 施工准备

1.1 驻地建设

（1）承包人应重视驻地建设标准化（图1.1）。在工地搭建的临时生活用房，原则上应使用活动房，严禁采用低标准的工棚。临时用房必须选择在地质稳定、地势较高、排水良好和水电道路畅通的地方搭建，**不得布置在河道旁的虚渣上**。生产、生活用房应分开搭设（图1.2）。

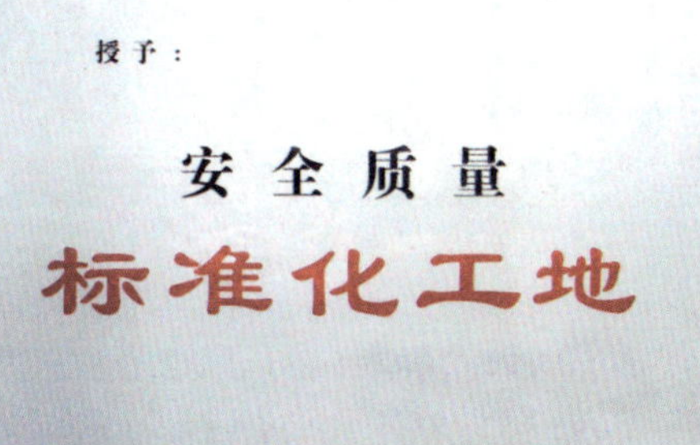

图1.1 “安全质量标准化工地”铭牌

图1.2 临时用房布设

（2）工地用房必须搭设稳固，室内外地面采用不小于5cm厚的C15混凝土进行硬化；工房内不提倡搭设通铺，一室不得超过8人，人均居住面积不小于$2m^2$（图1.3、图1.4）。

图1.3　工地用房搭设

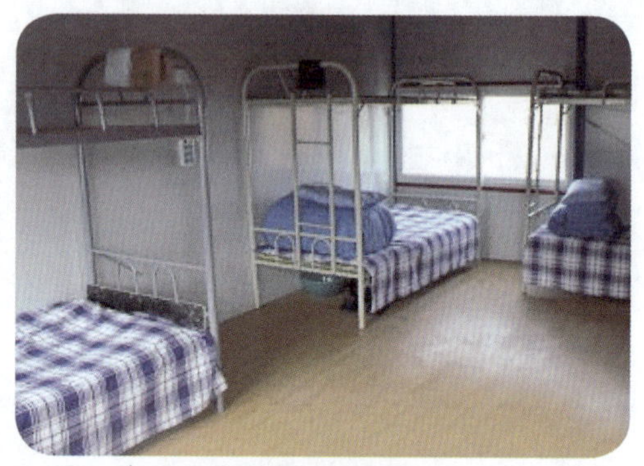

图1.4　工地用房室内

（3）承包人应做好工地房屋内的安全用电和防火工作，必须按有关规定配备消防器材，台风季节应做好防台风各项准备工作。

（4）承包人应做好工地生活区的环境卫生工作，对生活垃圾和污水进行合理处理，保证周围环境整洁卫生。施工噪声、扬尘、建筑和生活垃圾的防治应符合环保要求（图1.5）。

图1.5　卫生整洁的工地生活区

（5）承包人应合理规划施工场地布置，保证施工场地规范、整洁。

（6）现场机械设备应布置有序，必要时可悬挂安全操作规程。

（7） 隧道口应设置值班室，并安排专人值守，严格执行进洞人员登记制度；长大隧道应配置电子安全监控系统，并在洞口醒目位置设置禁止、指令标志。

1.2 隧道施工安全

承包人应依据国家颁布的各项安全技术规范、强制性标准，现行国家安全生产方针、政策及各级政府安全生产法规，行业安全生产规范性文件、安全技术规范及其他有关劳动保护、安全生产方面的法律法规、规范、规定、标准，按如图1.6所示流程制订、落实各项安全生产措施和预案。

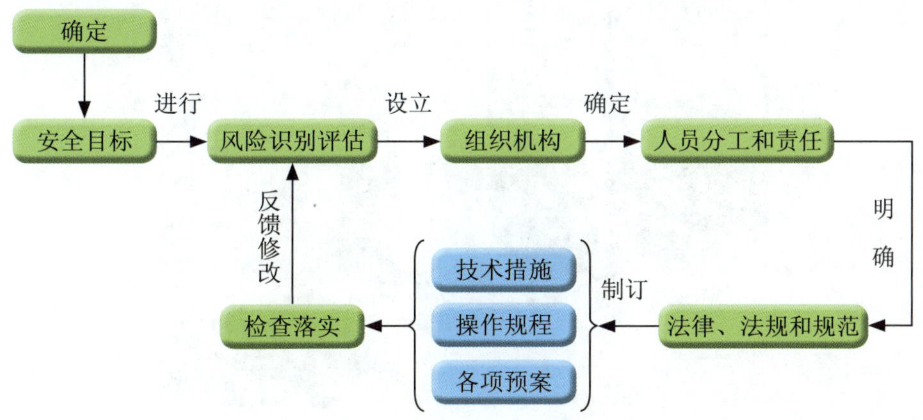

图1.6 安全施工措施制订流程

隧道施工中应杜绝人的不安全行为，消除物的不安全状态，控制环境的不安全因素。

隧道施工应贯彻《中华人民共和国安全生产法》中**“安全第一，预防为主”**的方针，严格遵守《公路工程施工安全技术规程》（JTJ 076—1995）中的有关规定，坚持**“管生产必须管安全”**的原则，紧密结合工程实际，制订安全制度和采取安全措施，并负责检查实施情况，切实做到施工安全（图1.7）。

（1）在施工期间，承包人应在隧道施工场地的显著位置悬挂安全文明生产、质量管理、廉政建设等标牌标语（图1.8、图1.9）。

图1.7 遵章守法确保安全生产

图1.8 张贴安全生产标语

图1.9 设立安全生产标牌

①工程简介牌：对工程的主要构造、地质情况、施工方案、分阶段的工期计划等作简要介绍。

②安全质量保证牌：明确对该项工程的安全质量保证措施。

③施工场地布置牌：采用电脑绘制，对施工现场的布置采用图示方式表达，注明位置、面积、功能。

④创优规划标识牌：主要明确该工程的创优目标及创优措施。

⑤安全生产操作规程牌：主要明确施工中各工序的安全生产操作规程。

⑥廉政监督牌：主要明确施工廉政制度、廉政领导小组、廉政监督小组和廉政监督电话等。

⑦工程质量责任人标识牌：明确建设单位、设计单位、监理单位、施工单位的负责人及施工单位的项目总工程师、质检工程师、单位工程负责人、质检员，现场监理工程师、监理员。

⑧施工进度牌：主要反映隧道掘进、初期支护、铺底、二次衬砌施工进度。

⑨进洞人员动态揭示牌：要求作业人员人手一张卡片，进洞放牌，出洞翻牌（图1.10）。

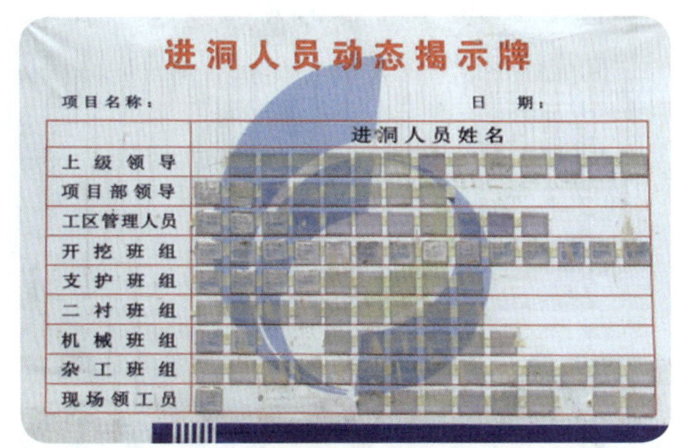

图1.10 进洞人员动态揭示牌

⑩各种标识牌按矩形定制，采用白底蓝字。其中工程质量责任人标识牌、安全质量保证牌和廉政监督牌按2.5m×4m尺寸制作，其余按1.5m×2.5m尺寸制作。

（2）现场机械设备布置有序，必要时应悬挂安全操作规程，尺寸参照0.6m×0.8m规格，白底黑字。

（3）现场各种防火、防高空坠落、安全帽等安全标识牌按照国家有关规定统一制作，悬挂于工地醒目位置（图1.11、图1.12）。

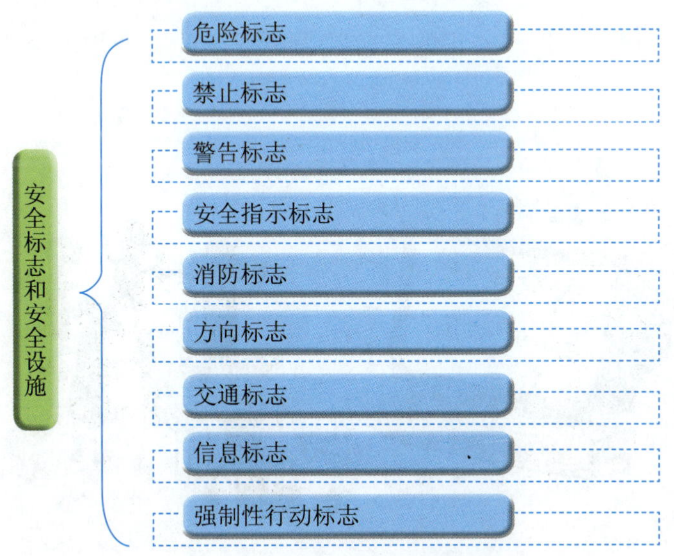

图1.11 安全标志和设施分类

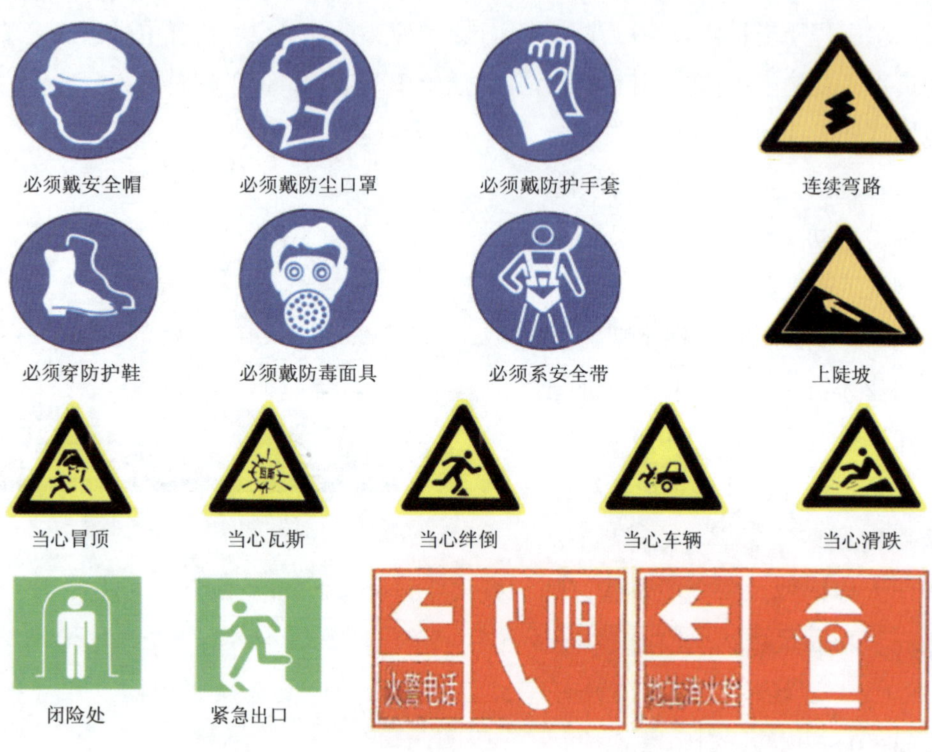

图1.12　安全标识牌

（4）应定期组织安全教育和培训。采取多种形式，加强对有关安全生产的法律、法规和安全生产知识的宣传，提高职工的安全生产意识（图1.13～图1.16）。

图1.13　安全生产知识讲座

图1.14　安全生产知识考试

图1.15　补课学习安全法规

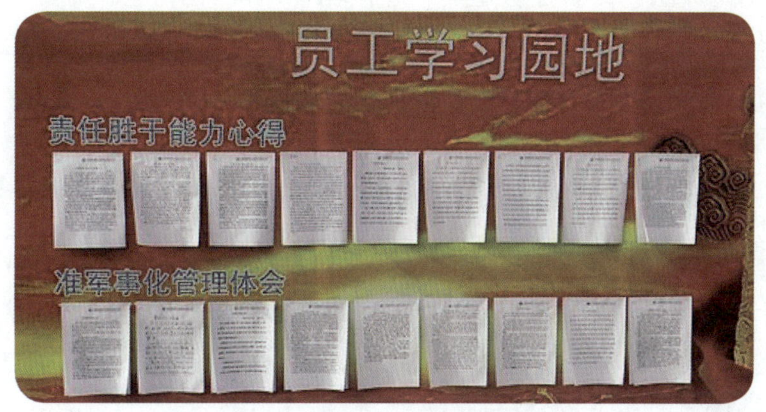

图1.16　安全生产知识宣传栏

（5）电工、焊工、爆破工等特种作业人员必须持证上岗。特种作业人员的工作好坏直接关系着安全生产，对安全生产起着举足轻重的作用。特殊工种实行岗位培训，经过理论和实践考核，取得合格证书才能上岗（图1.17）。

图1.17　未经培训不能上岗

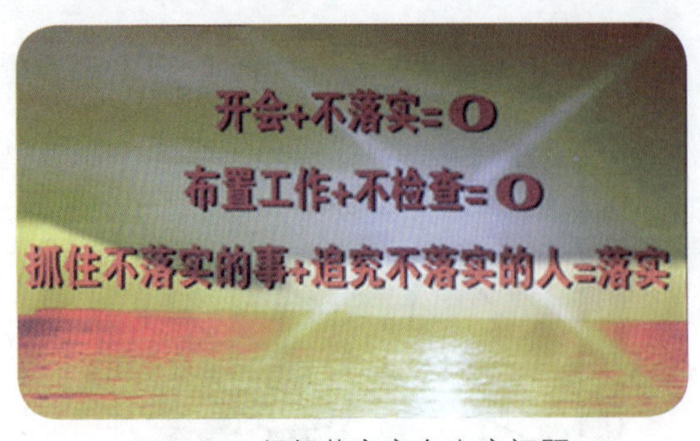

图1.18 督促落实安全生产问题

（6）开展经常性的安全生产检查，及时发现安全问题并督促落实整改（图1.18）。消除安全隐患是预防事故发生的重要手段，要**结合工程建设特点和季节情况**，动员全体员工，积极投身到各项定期的或不定期的检查整改活动中，使得事故隐患无处遁形。对作业班组要重点强调“两纪一化”，即劳动纪律、施工纪律和标准化作业。对安全生产的难点，要盯住关键部位、关键时刻、关键岗位、关键人，及时发现和消除不安全的事故隐患，杜绝违章作业和违章指挥。

（7）按“统一领导”原则，即层次分明原则、重点突出原则、综合协调原则和部门分工原则，建立健全应急救援体系，完善应急救援预案。建立应急救援组织，配备相应的人员和必要的器材，并经常组织演练，提高应急救援的处置能力。隧道施工应急预案应结合工程自身的特点制订（图1.19）。

- 防洪度汛应急预案
- 物体打击应急预案
- 停电事故应急预案
- 高空作业事故应急预案
- 爆破作业事故应急预案
- 环境污染事故应急预案
- 火灾事故应急预案
- 食物中毒、流行病和人身伤亡事故应急预案
- 隧道塌方应急预案
- 隧道涌突水应急预案
- 软岩大变形应急预案

图1.19 制订隧道施工应急预案

（8）安全生产应当具备下列安全生产条件：

①建立、健全安全生产责任制，制定完备的安全生产规章制度和操作规程；

②安全投入符合安全生产要求；

③设置安全生产管理机构，配备专职安全生产管理人员；

④主要负责人和安全生产管理人员经考核合格；

⑤特种作业人员经有关业务主管部门考核合格，取得特种作业操作资格证书；

⑥从业人员经安全生产教育和培训合格；

⑦依法参加工伤保险，为从业人员缴纳保险费；

⑧厂房、作业场所和安全设施、设备、工艺符合有关安全生产法律、法规、标准和规程的要求；

⑨具有职业危害防治措施，并为从业人员配备符合国家标准或者行业标准的劳动防护用品（图1.20）；

图1.20　劳动防护用具

⑩依法进行安全评价；

⑪具有重大危险源检测、评估、监控措施和应急预案；

⑫具有生产安全事故应急救援预案、应急救援组织或者应急救援人员，配备必要的应急救援器材、设备；

⑬法律、法规规定的其他条件。安全生产许可证的有效期为3年（图1.21、图1.22）。

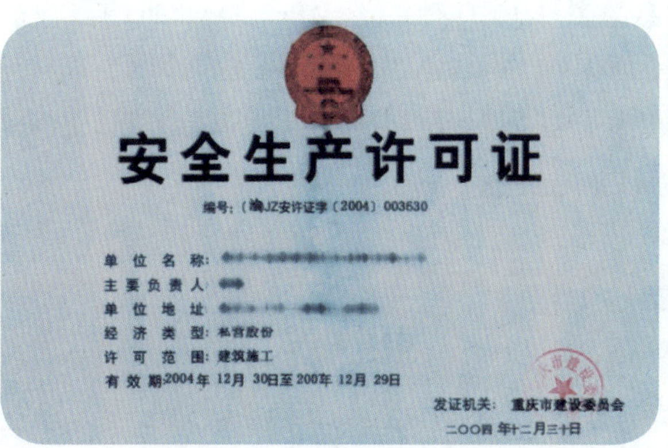

安全生产许可证

编号：（渝JZ安许证字（2004）003630

单位名称：

主要负责人

单位地址

经济类型：私营股份

许可范围：建筑施工

有效期2004年 12月 30日至200年 12月 29日

发证机关：重庆市建设委员会

二OO四年十二月三十日

图1.21　安全生产许可证书

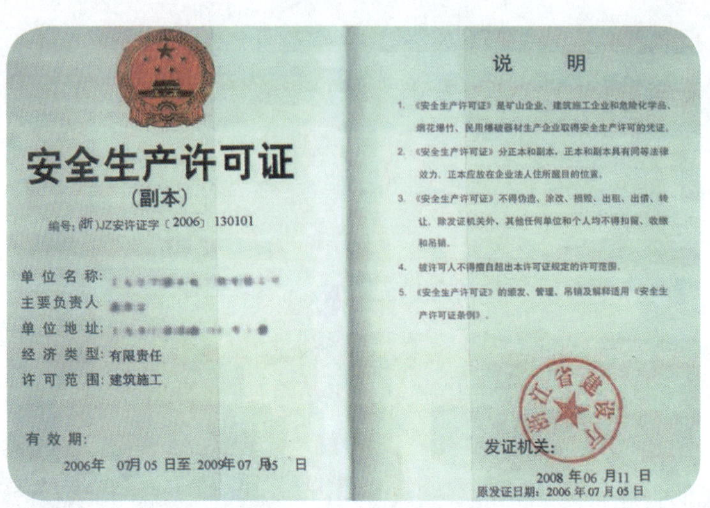

安全生产许可证

（副本）

编号：(浙)JZ安许证字〔2006〕130101

单位名称：

主要负责人

单位地址：

经济类型：有限责任

许可范围：建筑施工

有效期：

2006年 07月05日至 2009年07月05日

说明

1. 《安全生产许可证》是矿山企业、建筑施工企业和危险化学品、烟花爆竹、民用爆破器材生产企业取得安全生产许可的凭证。

2. 《安全生产许可证》分正本和副本，正本和副本具有同等法律效力，正本应放在企业法人住所醒目的位置。

3. 《安全生产许可证》不得伪造、涂改、损毁、出租、出借、转让，除发证机关外，其他任何单位和个人均不得扣留、收缴和吊销。

4. 被许可人不得擅自超出本许可证规定的许可范围。

5. 《安全生产许可证》的颁发、管理、吊销及解释适用《安全生产许可证条例》。

发证机关：

2008年06月11日

原发证日期：2006年07月05日

图1.22　安全生产许可证明

提示语： 要真正做到对安全工作的可控和在控，并有效防止安全生产事故发生，就必须在安全生产法律法规的指导下，从安全生产管理方面找到导致事故发生的深层原因，找到安全管理过程中的薄弱环节，然后做到有的放矢，并采取相应的对策和措施，才能防患于未然。

1.3　雨季施工

隧道施工进入雨季施工阶段后，难免会受到各种因素的影响和干扰，如洪水、山体滑坡、隧道洞口浅埋段产生沉降、隧道涌水等。如何规避、识别、转移和应对隧道施工在雨季中所遇到的风险，必然要成为隧道工程施工风险管理的重点。因此，雨季施工时应注意采取相关措施。

1.3.1　雨季施工措施

（1）在雨季来临之前，承包人应制订雨季值班制度，建立雨季施工管理小组，责任到人，分片管理。在雨季施工期间定期检查，严格实施“雨前、雨中、雨后”三检制，对发现的问题及时整改。

（2）反坡开挖要防止洞外雨水倒灌，采取设置拦水埂或修筑洞口横向截水沟等措施。施工现场要备足防汛器材、物资，包括雨衣、雨鞋、铁锹、草袋、水泵等，做到人员设备齐整、措施有力、落实到位。防洪抢险专用物资任何人不得随意调用。

（3）加强对隧道洞顶截水、洞口排水系统的日常巡检。对洞顶松散土、坍滑土等要进行整治，截水沟、排水沟的几何尺寸要满足排水要求；隧道开挖时，洞内设排水沟、集水坑，备足抽排水设备；加强边仰坡支护工作，防止边仰坡滑塌。

（4）雨季及洪水期间，应与当地气象水文部门取得联系，及时获得气象预报，掌握汛情，合理安排和指导施工，做好施工期间的防洪排涝工作。

（5）雨季施工时，施工现场应及时排除积水。对处于洪水可能淹没地带的机械设备、材料等应做好防范措施，施工人员要做好安全撤离的准备。

（6）拌和站及砂石料仓均设遮雨棚，对各种机械设备以及钢材、水泥等材料采取遮雨、防潮措施。现场物资的存放台等均应垫高，防止雨水浸泡。

（7）加强对临时施工便道的巡检、维护与整修，确保其路面平整、无坑洼、无积水。必要时建立雨天便道24h值班制度，随时掌握最新的路况信息。

1.3.2 雨季施工安全事故案例

（1）某隧道将临时生活用房搭建在河道旁的虚渣上，雨季施工防洪措施不到位，未安排人员24h值班，洪水来临时造成人员伤亡，大量机械设备被洪水冲走（图1.23）。教训深刻，损失惨重。

图1.23 某隧道施工临时生活用房冲塌事故

（2）某隧道洞口临近河流，从洞口向洞内反坡施工，因连降暴雨，突发的山洪灌入正在施工的隧道内，导致在洞内施工的17人被困，1人溺水死亡（图1.24）。

图1.24 某施工隧道洪涝事故

1.4 拌和站

（1）拌和站（图1.25）应合理划分生活区、拌和作业区、材料计量区、材料库及运输车辆停放区。

图1.25 拌和站

（2）拌和站的场地处理：

①拌和站的场地必须进行混凝土硬化处理，一般使用20cm厚的片、碎石垫层，12～15cm厚的C15混凝土作为面层。

②场地硬化按照四周低、中心高的原则进行，面层排水坡度不应小于1.5%，场地四周应设置排水沟，排水沟底面采用M7.5砂浆进行抹面。做到雨天场地不积水、不泥泞，晴天不扬尘。

③在场地外侧合适的位置设置沉砂井及污水过滤池，严禁将站内生产废水直接排放。

④拌和站应采用封闭式管理，四周设置围墙，进出口设置大门，并悬挂安全生产警示语、操作流程。

（3）拌和站生产能力和规模：

①隧道拌和站必须达到自动计量标准，单机生产能力不小于50m³/h，总装机能力以满足最大批混凝土数量需要为原则（图1.26）。二次衬砌混凝土拌和站应配备四个料仓，粗集料按4.75～13.2mm、13.2～19mm、19～31.5mm三种粒级进行采集和掺配；喷射混凝土如单独设置拌和站，必须采用具有两仓自动计量的搅拌设备拌制（图1.27）。

图1.26　混凝土拌和站

图1.27　混凝土拌和站配料仓

②在主要拌和站建设完成之前，承包人施工正式工程混凝土必须采用450L的强制式拌和机完成，混凝土罐车运输。所有永久工程必须实现混凝土集中拌和生产，以管道泵送或混凝土罐车运输。

③拌和站在建设完成后，需根据搅拌站的功率配备相应的备用发电机，确保

拌和站有可靠的电源使用。

④拌和站在正式投产前，必须经市级以上的标准计量部门进行标定，并经监理工程师进行专项验收。使用过程中，监理工程师应对计量设备不定时进行检查，并定期进行标定，确保计量准确。

（4）拌和站的混凝土配合比标识牌。

在拌和机操作房前醒目位置应悬挂混凝土配合比标识牌，标识牌采用镀锌铁皮制作，尺寸为0.6m×0.8m，白底红框黑字，油漆喷涂确保不褪色，数字用彩笔填写，字迹工整、清晰可辨。标示牌包括以下内容：混凝土设计与施工配合比（含外加剂）、集料的计算与实测含水率、各种材料的每盘用量等（图1.28）。

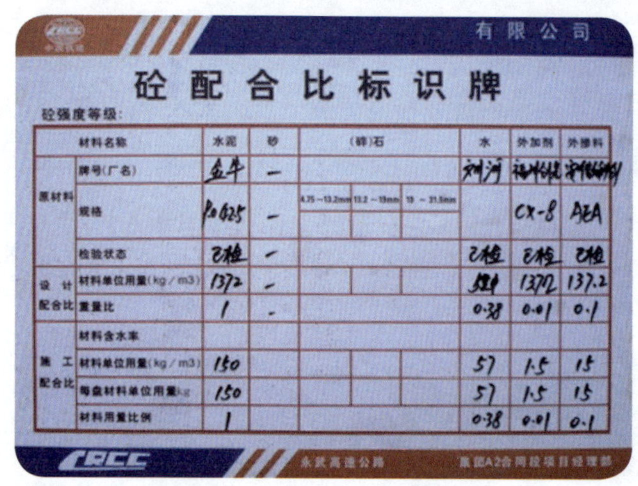

图1.28　混凝土配合比标识牌

（5）水泥库房及外加剂房：

①承包人原则上应使用散装水泥，在个别条件不允许情况下，应建造库房，使用袋装水泥。库房的面积按照1.5t/m²的标准建设。

②库房内的外加剂与水泥应分开存放，存放高度不应超过1.5m；不同批次、不同品种、不同生产日期的水泥应分区堆放，并根据不同的检验状态和结果采用统一的材料标识牌进行标识；库房应设置进库门和出库门，确保水泥的正常循环使用。

③水泥库房原则上采用砖砌房屋，尽量靠近拌和机，库房内部采用水泥粉刷，地面采用C15混凝土进行硬化，铺两层油毡，然后利用方木或砖砌搭5cm木

板，铺设油毡，使水泥储存离地30cm。水泥存放应远离四周墙体30cm以上。

④水泥库房内应建立详细的水泥调拨台账，使物资的使用具有一定的可追溯性。

⑤使用散装水泥的拌和站，应设水泥储存罐，根据用量选择水泥罐容量，配合计算机自动输入。

（6）砂石料场：

①凡用于正式混凝土工程的砂石料应按四仓式配料要求，碎石料应按4.75～13.2mm、13.2～19mm、19～31.5mm三种粒级分仓存放，不得混堆或交叉堆放。分料仓隔墙应采用混凝土砌筑，墙宽不小于30cm，高不小于1.5m；仓内地面设不小于4%的坡度，分料墙下部预留孔洞，避免积水；每个料仓的砂石料均应进行材料的质量检验状态标识，设置标识牌（图1.29）。

图1.29 材料质量检验状态标识牌

②料仓的容量应满足最大单批次混凝土连续施工的需要，并留有一定的余地，另外还应满足运输车辆和装载机等作业要求。

③隧道碎石应采用反击破设备生产的碎石。混凝土用碎石使用前应用水冲洗，确保在不污染情况下方可用于施工。

④隧道初期支护喷射混凝土可由拌和站集中供应，也可在隧道洞口设置专门用于喷射混凝土施工的小型拌和站，但必须采用具有两仓自动计量的搅拌设备。

1.5 施工供风、供水、供电

1.5.1 施工供风

（1）压风站应在洞口旁边选址修建，并宜靠近变电站，应有防水、降温、保温和防雷击设施。

（2）压风站供风能力须满足隧道正常施工需要，供风管路布置应尽量避免压力损失，保证工作面使用风压不小于0.5MPa，并配备一定数量的内燃压风机，满足隧道前期施工需要。

（3）供风管道前端至开挖面距离不应大于20m。

1.5.2 施工供水

（1）寻找水源，按施工需要的供水压力（不小于0.3MPa）合理选址修建高位水池，安装上、下水管路。

（2）修建高位水池困难的隧道，宜采用变频高压供水装置满足施工需要。

（3）管道前端至开挖面一般不超过20m。

1.5.3 施工临时供电

（1）承包人向业主申请用电应包括以下内容：临时用电负荷的计算，临时用电线路的平面布置图，临时用电的安全使用方案，临时用电的安全组织机构。

（2）变电站宜设在洞口附近，应靠近负荷集中地点，并设在电源来线一侧。

（3）供电、照明线路布置应符合有关规范要求，根据施工需要计算变压器容量、台数。当隧道附近有高压线路通过时，应和当地电力部门协商确定高压电接入位置。

（4）对于短隧道应采用高压至洞口，再低压进洞的方式；长、特长隧道施工应考虑高中压进洞的方式，以满足施工需要。

（5）隧道照明电压：在成洞地段和不作业地段采用220V，瓦斯地段不得超过110V，作业地段一般不大于36V；动力设备采用三相380V。

1.6 弃渣场、自办料场、炸药库

（1）隧道施工前应详细调查，和业主及当地政府配合，选择出渣运输方便、距离短的场所作为弃渣场，场地容量应能容纳隧道弃渣量。

（2）隧道弃渣场不得占用其他工程场地和影响附近各种设施的安全；不得影响附近的农田水利设施，不占或少占农田；不得堵塞河道、沟谷，防止抬高水位和恶化水流条件。

（3）隧道弃渣场应进行防护，当设计要求不能满足实际需要或设计无具体要求时，应对弃渣场的防护进行设计并报批，以确保边坡和弃渣稳定，防止发生水土流失、泥石流、滑坡等灾害。

（4）当隧道开挖弃渣强度等指标符合建材需要时，应在现场建碎石场。加工碎石设备应采用带除尘装置的反击破碎石机，并有配套的联合重筛分设备，每个隧道碎石场应专门配备锤式碎石机生产喷射混凝土碎石料（图1.30）。喷射混凝土应采用4.75～13.2mm规格的碎石。

图1.30 锤式碎石机

（5）炸药库应选在远离人群居住的地方，距离洞口不小于500m，并经公安部门批准办理相关手续。根据施工进度计划安排及月循环进尺核定炸药库容量。

雷管库和炸药库必须分开建造，两者距离不得少于30m，库房四周进行全封闭，并安设防雷击、防热及警报系统，雷管存放点禁止手机开机，其他设施必须符合《民用爆炸物品安全管理条例》（国务院令第466号）（图1.31～图1.33）。

图1.31　雷管库

图1.32　炸药库

图1.33　炸药库大门

1.7　技术准备

1.7.1　施工前的调查和设计文件核对

（1）调查、分析隧道施工对地表附着物（地方道路、高压铁塔、建筑物和水库等）和地下既有结构的影响。如图1.34所示为隧道仰坡上方存在地方道路，按原设计仰坡坡比和进洞位置施工将中断道路通行，调整隧道仰坡坡比和提前进洞可以避免对隧道洞口上方地方道路的影响。

图1.34　隧道仰坡上方存在道路

（2）明确施工场地布置与洞口相邻工程、弃渣利用、农田水利、征地等的关系。

（3）明确建筑物、道路工程、水利工程、电力线路等设施的拆迁情况和数量。

（4）明确施工中和运营后对自然环境、生活环境的影响及需要采取的保护措施。

（5）承包人应全面熟悉设计文件，并做好图纸复核工作，参加设计交底，明确隧道动态设计包含的内容，以便及时与设计单位沟通。动态设计包括的内容见图1.35。

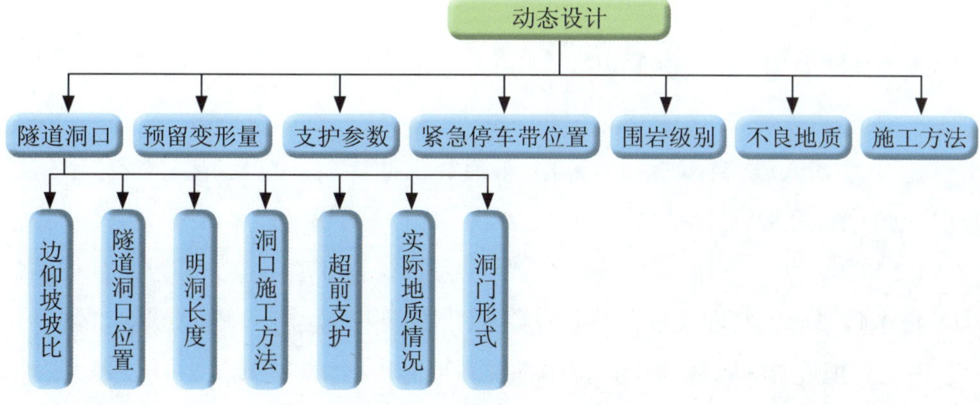

图1.35　隧道动态设计内容

（6）承包人应将在施工中和设计文件核对中发现的问题，以书面形式呈送建设管理单位。

1.7.2　物资、材料准备

（1）承包人应根据施工进度计划，提前组织材料的进场。对进场材料按有关规范、规程按批次取样，进行检测试验，严禁不合格材料进入施工现场。

（2）隧道施工前应通过试验选定喷射混凝土和砂浆的配合比，并经监理人认可。做好水泥、砂石料、钢筋（材）、外加剂、防水板等材料的采购工作，并根据施工进度计划制订材料供应计划。

（3）材料样品及有关技术条件资料应建档备查。

1.7.3　施工测量

（1）承包人应根据设计图纸和有关勘测资料，对交付使用的隧道轴线桩、平面控制桩和高程控制的水准基桩等进行检查和核对，不得有误，并将测量成果报送监理人。

（2）承包人在放线中除公里桩、平曲线基本桩外，应设置必要的加桩；隧道中桩最大间距直线上不得大于10m，曲线上不得大于5m。应明确标示用地界桩、路面和排水沟中心桩、辅助基准点以及其他控制放线的水平和垂直桩。

1.7.4　施工组织设计

（1）承包人应结合项目的特点、难点、工期要求、施工条件、施工队伍、配套机械设备等编制实施性施工组织设计，确定隧道施工方案。

（2）对于地质条件复杂的隧道，承包人应编制专项隧道施工方案，经承包人、技术负责人、监理人审查签字后实施，由专职安全生产管理人员进行监督。

施工组织设计是在建设全过程中指导各项施工活动的技术、经济、组织、协调和控制的综合性文件。其具体内容包括：编制依据及编制说明，工程概况（设计特点、影响施工的主要因素和特殊环节），施工部署，施工准备，施工进度计划及劳动力安排，主要施工方法，工程施工质量验收制度，质量控制措施，常见质量通病的纠正和防治措施，冬、雨季施工保证措施，质量回访及维修制度，工程检验，试验制度，保证工期措施，保证安全施工（职业健康）措施，文明施工及环境保护措施，降低成本措施及成品保护措施，施工协调与施工配合的管理，施工技术管理措施、计划、统计和信息管理。

施工组织设计中的注意事项：

（1）结合工程具体的情况（工程当地的自然环境、社会环境）进行编制。

（2）根据具体的工期要求编制人力、材料、机械进场计划。

（3）根据现场的要求具体编制现场平面布置图。

（4）编制有针对性的技术组织措施和工艺质量保证措施。

（5）施工准备是隧道工程建设的重要环节，涉及的内容较多，如图1.36a）所示。编制实施性施工组织设计时的注意事项如图1.36b）所示。

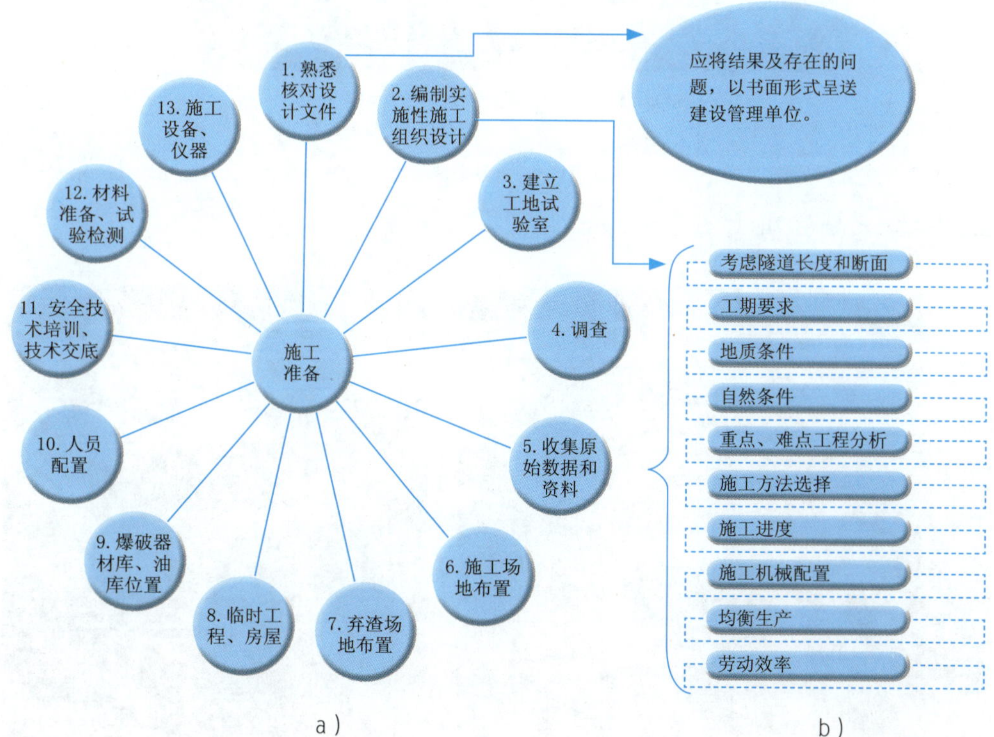

图1.36　施工准备包含的工作内容及注意事项

1.7.5 组织机械设备进场

（1）施工准备阶段应制订二次衬砌模板台车进场计划。模板台车进场计划应满足工程需要和设计、业主要求的二次衬砌跟进距离。推荐采用不需施作矮边墙的整体式模板衬砌台车（图1.37）。

图1.37 整体式模板衬砌台车

（2）土石方施工设备：挖掘机（图1.38）、装载机、推土机、压路机和自卸汽车、凿岩机（图1.39）、台架等。

图1.38 挖掘机作业

图1.39 凿岩机作业

（3）隧道支护设备：湿喷机（图1.40、图1.41）、混凝土搅拌机、配料机、混凝土运输车、混凝土输送泵、振捣设备、衬砌台车、管棚钻机、注浆机。

图1.40 湿喷机隧道作业

图1.41 混凝土湿喷机

（4）钢筋加工设备：钢筋调直机、切断机、弯曲机、电焊机等。

（5）风水电供应设备：内燃空压机、电动空压机、水泵（变频高压供水装置）、变压器、发电机等。

（6）相应阶段配备的检测、试验设备。

（7）配置的机械设备、试验器具应性能优良、配套合理，满足污染小、能耗低、效率高的要求，并根据施工进度计划，分阶段、分期组织进场，以满足施工需要。

1.7.6 组织人员进场

（1）承包人应根据工程规模、施工难度、工期和技术难度配备相应的管理、技术、测量、试验、环保、专职质量检查和安全管理人员。

（2）承包人应建立权责分工明确、协调高效、功能完备的组织管理机构（图1.42）。

（3）隧道的钻爆、运输、支护、衬砌、防水等作业，均应安排经过培训的专业施工队伍进行施工，施工前应根据施工进度计划、施工技术水平等制订详细的劳动力计划，及时组织人员进场，以满足实际工程需要。

（4）应加强现场施工人员（包括劳务人员）的教育培训和考核工作。对管理人员和作业人员进行每年不少于2次、不低于40学时的安全生产教育培训，教育培训情况记入个人工作档案。新进人员或转岗人员也应进行安全、生产培训考核。未经教育培训考核或考核不合格的人员，不得上岗作业。

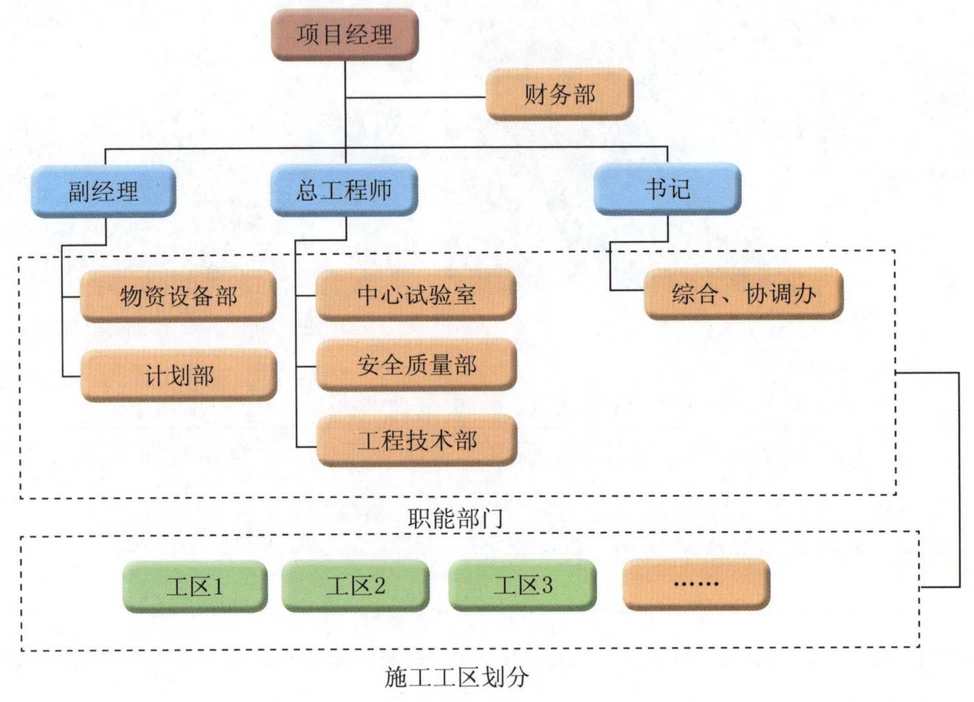

图1.42　组织管理机构

（5）承包人应向作业人员提供必需的安全防护用具（如安全帽、安全带、口罩、耳塞等）和安全防护服装。安全防护用具和安全防护服装的使用、采购和管理应符合《公路水运工程安全生产监督管理办法》的规定。

2 洞口工程

2.1 施工前准备工作

（1）隧道洞口开挖前，应对洞口段地形地貌进行复测，实测1∶200横剖面图，核查隧道进洞位置是否合适，是否存在偏压、不良地质及隧道地表附着物情况。

（2）认真调查地质情况，并编制隧道“零开挖”进洞专项施工方案，项目业主应组织设计、监理单位进行专项审查。

（3）严禁对山体大刷大挖，边仰坡开挖时应边开挖边防护，严禁一次开挖成形后再进行防护或防护不及时。洞口边仰坡施工、防护宜在旱季进行。

（4）进行隧道进出口联测，且贯通误差符合规范要求；测放出进洞控制桩，并保护良好；按规范完成边、仰坡开挖边线、明暗洞交界里程等测量放样；布设完成洞顶沉降观测点、基点，获取并保存第一组数据。

（5）完成洞顶截水沟，并设置必要的临时排水措施，“永临”结合，初步形成畅通的洞口排水系统。临时排水沟的设置如图2.1所示。

图2.1 设置临时排水沟

2.2 施工工艺

2.2.1 积极推广“零开挖”进洞理念

隧道洞顶截水沟以内的植被禁止砍伐破坏（图2.2）；对分离式隧道中间山体和连拱隧道中导洞开挖时，应尽可能保护两侧山体（图2.3）。

图2.2 零开挖进洞

图2.3 保护山体植被

2.2.2 洞口土石方开挖

（1）洞口土石方施工宜避开降雨期。洞口支挡工程应结合土石方开挖一并完成；洞门端墙处的土石方，应视地层稳定程度、洞口施工季节和隧道施工方法等选择施工时机和施工方法。

（2）有条件的隧道，应积极推广前置式洞门施工方法。施工步骤如图2.4所示。

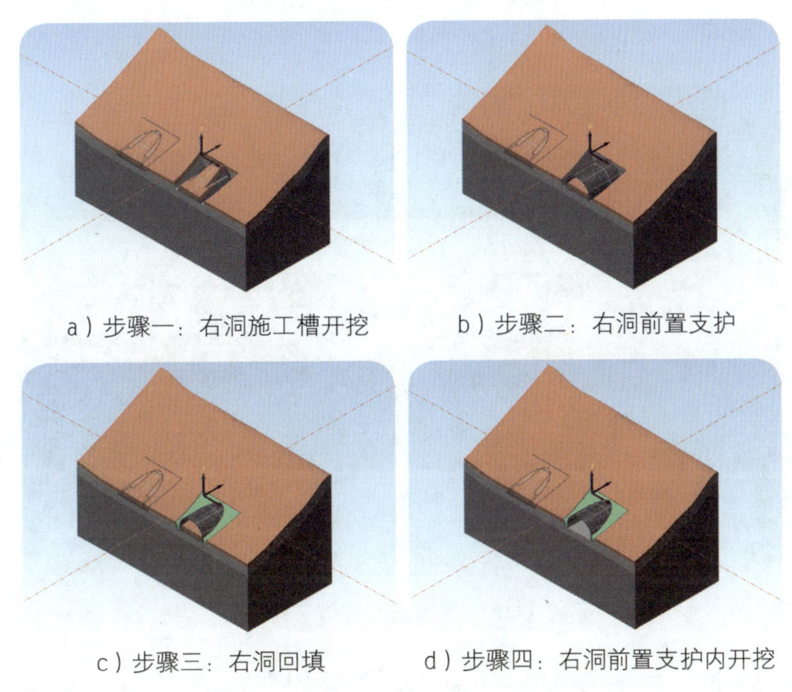
a）步骤一：右洞施工槽开挖　b）步骤二：右洞前置支护

c）步骤三：右洞回填　d）步骤四：右洞前置支护内开挖

图2.4 前置式洞门施工步骤示意图

（3）当洞口可能出现地层滑坡、崩塌时，应采取相应的预防和稳定措施。

（4）隧道轴线与地形等高线斜交，隧道洞口段形成偏压时，为克服偏压，应充分利用地形条件，采用先反压回填，再开挖隧道（图2.5）。这种方式，可减少对边仰坡的开挖量，降低边仰坡开挖高度，减小对原山体的破坏，同时也改善了原山体的稳定条件（图2.6）。开挖方法应结合偏压、地形情况选定，不得因人为因素加剧偏压。

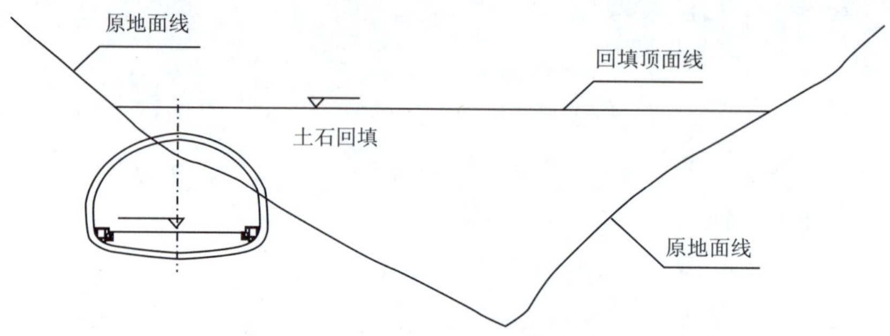

图2.5　先反压回填再开挖隧道

图2.6　反压回填方式改善山体稳定条件

（5）由于洞口边仰坡开挖成型距洞门完成和永久防护到位间隔时间较长，为防止地表水渗入开挖面，保证此洞口坡体的稳定性，应采取锚喷网支护形式。洞口土石方开挖完成后，应及时进行防护。

2.2.3　进洞辅助措施施工要求

（1）及时完成临时套拱和超前支护的棚架体系，如图2.7所示。

（2）超前支护所用的钢筋、钢管等材质，其环向间距、纵向搭接长度、方向等参数，以及锚固所用材料均须符合设计及规范要求（图2.8、图2.9）。

图2.7 临时套拱施工

图2.8 超前支护所用钢管

图2.9 超前支护施工现场

套拱内预埋的导向管的定向、定位应保证准确，严格控制其仰角。套拱施工前，应注意检查套拱基础的承载力，清除基坑的虚土、风化软层和积水。基础承载力不足时应采取换填、扩大基础等措施。超前管棚钻孔推荐采用履带式潜孔钻机（图2.10）。

图2.10 履带式潜孔钻机

（3）注浆前，施工单位应认真分析围岩性质，选择合理的注浆设备和施工工艺，考虑采用单液注浆还是双液注浆，并确定合理的注浆初始压力、终压力。监理单位应认真进行旁站，记录单孔注浆压力和单孔实际注浆量，记录内容必须包含施作里程范围、小导管根数、长度、最大单根注浆量、最小单根注浆量、总注浆量（注浆量以使用水泥袋数或kg为单位）、注浆控制压力。对小导管、管棚的安装和注浆必须要有影像资料。

2.2.4 洞口施工注意要点

（1）隧道开挖前，二次衬砌台车必须同步到位（图2.11）。

（2）洞口设有明洞、且洞口地质情况相对较好的隧道，可按先进暗洞，由内向外施作洞口明洞模筑衬砌，再进行洞身段开挖、初支、二次衬砌的顺序施工。

（3）当洞口围岩条件很差时，要严格控制进洞施工顺序。应在完成套拱和超前大管棚后，立即进行明洞主体模筑衬砌施工，然后再进行暗洞浅埋段施工（图2.12）。

（4）有条件的隧道，应及时进行洞门的施工。

（5）隧道洞口场地必须进行混凝土硬化处理，要求使用20cm厚石渣垫层，汽车运输通道还必须采用20cm厚的C15混凝土作为面层（图2.13）。

图2.11　二次衬砌台车安装到位

图2.12　先行施作的明洞

图2.13　经过硬化处理的隧道洞口场地

（6）洞口范围内的路基、涵洞等相关工程应及时安排施工，为隧道提供施工场地。

（7）施工隧道洞口段为小净距隧道时，同一端洞口左右幅必须错开施工，并严格控制爆破震动，先行洞开挖进洞时，衬砌台车必须准备就绪。隧道净距小于10m时，先行洞至少完成30m二次衬砌后方可进行后行洞开挖进洞。超小净距隧道如图2.14所示。

图2.14 超小净距隧道

（8）隧道进洞辅助措施包括超前大管棚和双层超前小导管。双层超前小导管具有作业速度快、施工难度小、技术要求低等特点。在施工单位施工超前大管棚能力不佳、进洞时机合适时，可采用双层超前小导管。如图2.15、图2.16所示的两车道和三车道隧道均采用双层超前小导管进洞辅助施工措施。

图2.15 两车道隧道采用双层超前小导管

图2.16 三车道隧道采用双层超前小导管

（9）洞口段是隧道施工和营运期间的事故多发地段，隧道洞口段施工选择时机十分重要，洞口土石方施工宜避开降雨期，如确需在雨季施工时，应制订严密的施工方案和防护措施，同时应加强山体稳定性监测。洞门端墙处的土石方应视地层稳定程度、洞口施工季节和隧道施工方法等选择施工时机和施工方法。

（10）洞口边坡、仰坡土石方的开挖应减少对岩体的扰动，严禁采用大爆破；对边仰坡可能滑落的表土、灌木、浮石、危石要清除或加固，坡面凹凸不平时应整修平整。

（11）洞口边仰坡应采用明挖法施工，自上而下分阶段、分层进行开挖。第一阶段挖至设计临时成洞面，并视围岩情况，结合暗洞开挖方法，预留进洞台阶；第二阶段开挖其余部分，形成永久边仰坡。不得掏底开挖或上下重叠开挖。洞口附近有建筑物、构筑物时，应采取控制爆破措施。

（12）隧道洞口的排水系统应在雨季之前完成。隧道排水应与洞外排水系统合理连接，不得侵蚀、软化隧道和明洞基础，不得冲刷洞口路基边仰坡。

（13）洞口永久性挡护工程应紧跟土石方开挖尽早完成。

（14）洞口仰坡上方洞身范围内禁止修建施工用水池。隧道地表坑洼积水、鱼塘、河流应按设计要求进行处理。

2.3 常见的质量问题

（1）边仰坡防护不及时，实际防护达不到设计要求。如图2.17、图2.18所示，

图2.17 边坡防护不及时

设计仰坡采用锚杆、钢筋网并喷射混凝土进行防护，仰坡喷射混凝土设计厚度为15cm，明显厚度不足。

图2.18　仰坡喷射混凝土厚度不足

（2）超前大管棚：

①基础承载力设计无要求，施工中无专项检查。

②导向管定位不准确，超前大管棚尾端侵入隧道初期支护。

③超前大管棚不设置钢筋笼，致使超前大管棚刚度不足。

④超前大管棚接头没有错开。超前大管棚节与节间可采用15cm丝扣连接，但相邻钢管接头应错开。

⑤洞口施工尤其是对V级围岩浅埋段，开挖时预留变形量不足，沉降和收敛加大，造成隧道结构厚度不足而产生侵界。

⑥隧道洞口浅埋段仰拱施工滞后，结构不闭合，沉降和收敛不能有效控制。

3 洞身开挖

隧道开挖工序既是隧道单位工程的分部工程，也是隧道开挖分部工程中的唯一分项工程。开挖质量的优劣与后续工序，如喷射混凝土平整度、钢架架立（图3.1）、钢筋网布置和防水层铺设质量等息息相关，也对后续工程质量起决定性作用。隧道支护结构背后的空洞和回填片石均是开挖成形不良的衍生物。开挖断面不圆顺、超欠挖严重往往形成不可补救的“后遗症”，后期依靠喷射混凝土找平的概率很小。

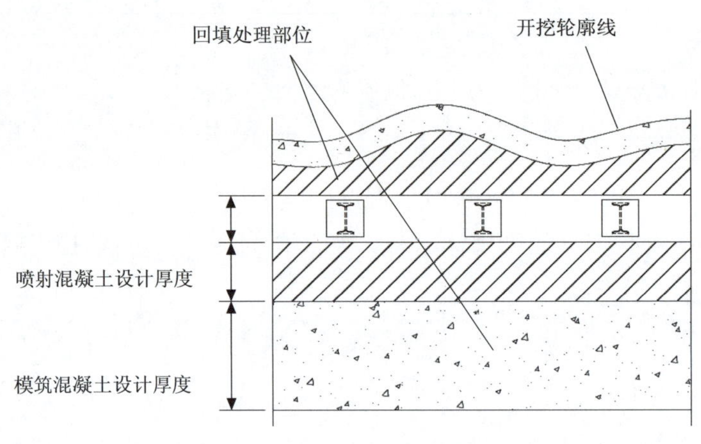

图3.1　隧道开挖架立钢架

如果隧道开挖轮廓线不圆顺、不规整，超欠挖严重，容易不断造成局部应力集中，从而降低了围岩自身的承载能力，此时则需要对超欠挖进行处理。根据《公路工程质量检验评定标准》（JTG F80/1—2004）中10.6.1第3）条的规定，隧道开挖基本不允许存在欠挖，拱脚、墙脚以上1m范围内严禁欠挖。如果隧道超挖严重，则需不断耗费混凝土进行回填，造成隧道经济性降低，而且在超挖大小不一、开挖轮廓线凹凸不平的情况下，将减弱岩体自身的承载能力，这显然不符合新奥法施工原则。综上所述，隧道开挖在隧道施工中具有十分重要的作用。

新奥法的原则：最大限度地利用和发挥围岩的自承能力，围岩既是荷载，也是结构的重要组成部分。因此，要维护、充分利用围岩的自承载能力。隧道施工质量的好坏很大程度上取决于钻爆的质量。

3.1 隧道超欠挖控制

我国山岭公路隧道一般采用钻爆法施工。由于岩体是主要承载单元，基于新奥法充分维护、利用围岩自身承载能力的原则，和以上对隧道开挖控制的重要性分析，隧道开挖应遵循“**多打眼、少装药、多循环**”原则，采用控制爆破（光面爆破和预裂爆破），力求开挖断面规整圆顺（图3.2）。隧道土质段，例如洞口浅埋段可采用风镐、挖掘机等非爆破方式开挖。

图3.2 良好的光面爆破效果

钻爆法的施工步序如图3.3所示。

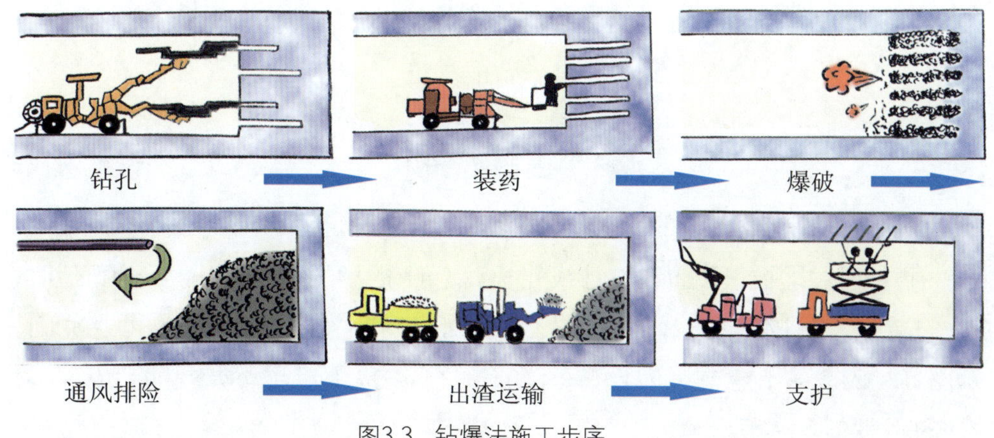

图3.3 钻爆法施工步序

如图3.3所示，钻孔和装药两个环节对爆破成形的影响较大。

影响隧道开挖质量的因素如下：

①测量放线精度；

②钻孔精度；

③爆破技术；

④施工组织管理；

⑤地质条件；

⑥其他。

其中，提高钻孔技术水平和放样精度至关重要。钻孔精度对隧道超欠挖的影响主要是周边炮孔的外插角θ、开口误差e和一次爆破进尺L，它们与超欠挖高度h的关系如图3.4所示。

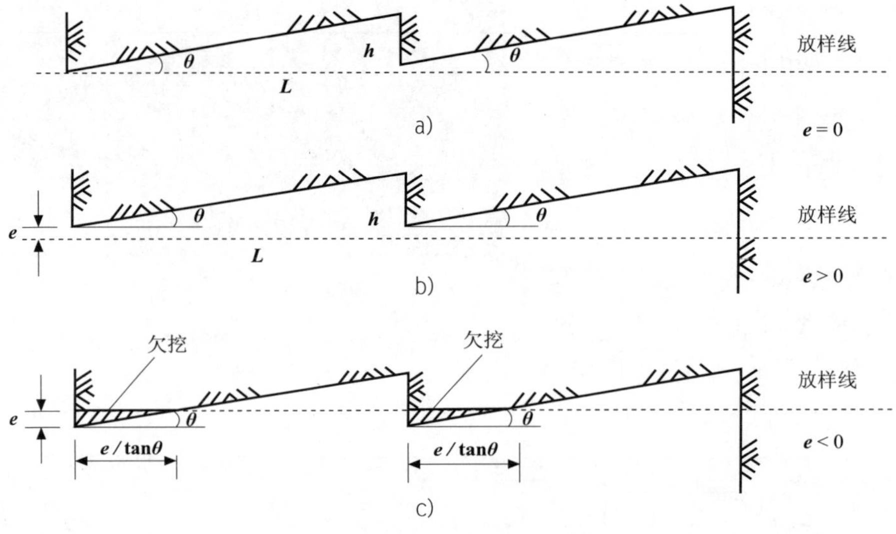

图3.4　超欠挖h与L、θ、e关系图

e –开口位置；θ –钻机仰角

由此可见，随着θ、L的增大，h增大。当θ、L一定时，e作为一个独立参数，当e为正值时（即孔口位置在设计线外时），随e的增加，h增加；当e为负值时，随e的减少，h则减少。开挖进尺L较大时，L对超挖h的影响是不可避免的。如图3.5所示为开挖进尺为100～400cm之间的7种情况下开挖进尺L对超欠挖h的贡献值。

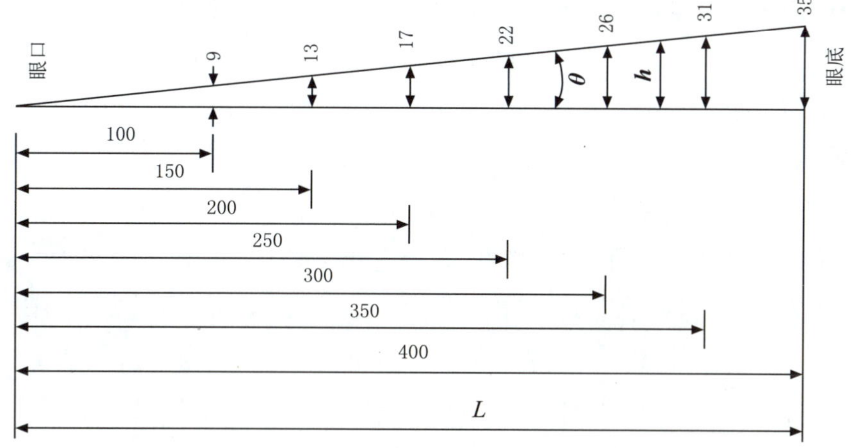

图3.5　开挖进尺L与超欠挖h的关系图（尺寸单位：cm）

计算结果表明：

①超挖值h与开挖进尺L之间为线形关系。进尺越大，产生的超挖越大。

②炮眼的外插角θ越大，产生的超挖也急剧增大。

③超欠挖h与放样精度e存在直接关系。

不同开挖进尺L、炮眼外插角θ产生的超挖见表3.1（不考虑放样精度）。

不同开挖进尺与炮眼外插角产生的超欠挖值　　　　表3.1

开挖进尺 L（m）		周边炮眼外插角 θ	
		3°	5°
		最大超挖值h（cm）	
浅孔爆破（对应Ⅳ级、Ⅴ级围岩）	1.0	5	9
	1.5	8	13
	2.0	10	17
	2.5	13	22
	平均值	12	
深孔爆破（对应Ⅱ级、Ⅲ级围岩）	3.0	16	26
	3.5	18	31
	4.0	21	35
	平均值	18.3	30.7
		24.5	

由表3.1可知：1～2.5m以下的浅孔爆破产生的超挖较小，平均超挖量为12cm；3～4m的深孔爆破造成的超挖较大，其平均超挖量达到24.5cm。而且，值得注意的是，深孔爆破也会伴生错台现象，使两茬炮衔接时出现台阶。采用支架式风钻打眼，炮眼深度为3m时，出现的台阶宜控制在15cm以下。

隧道开挖质量主要表现为开挖轮廓线是否规整、圆顺，同时，在施工中要把对围岩的损伤程度控制在最小限度，即应充分维护、利用围岩自身的承载能力，控制超欠挖，避免应力集中。保护围岩的措施视围岩岩性、完整性、节理裂隙发育程度等而不同。对于坚硬围岩（Ⅱ级、Ⅲ级），主要控制对遗留岩体的损伤；对于软弱破碎岩体，爆破开挖的重点是如何防止围岩的松弛，提高围岩的承载能力，包括利用注浆加固岩体。

爆破效果的优劣取决于爆破参数的选定是否合理和调整是否及时，主要技术参数包括：钻眼精度，开挖轮廓线放样精度，周边炮眼、掏槽炮眼的布置，炮眼装药结构，单位岩石炸药消耗量和起爆顺序等。

为了提高光面爆破质量，减少超挖，避免欠挖，应注意以下几点：

（1）提高施钻人员的技术水平，进行岗前培训。开挖工人、测量技术人员应紧密配合，通过培训使其熟练掌握炮眼的角度、眼口位置的选择、眼底位置的控制等。

（2）周边炮眼的开口位置应尽量在开挖轮廓线上。

（3）周边炮眼的外插角根据钻孔深度和允许超挖计算确定，一般应控制在3° 以内（L=3m时，h=15.7cm）。

（4）所有炮眼（掏槽炮眼除外）的眼底位置应尽可能在同一垂直面上。

（5）施工测量放样应熟悉设计文件，根据开挖断面各部位的尺寸，同时考虑预留沉落量和变形量。周边轮廓线的放样误差应不大于±2cm。测量放线人员必须参加监控量测，掌握围岩实际变形大小。由于设计预留变形量可以根据监控量测信息进行调整，因此，设计开挖轮廓线具有不确定性。

（6）地质条件是客观存在的，也是确定爆破参数的基本依据。施工过程中，应紧跟掌子面对围岩进行观测描述，并对围岩的节理裂隙状态进行预测，据此调整爆破参数和施工方法，或采取局部内移炮眼、局部空孔不装药、加密炮眼、局部调整起爆顺序等辅助措施。根据实际地质条件动态调整爆破方案是十分重要的。

根据施工统计资料，对隧道超欠挖影响最大的是钻眼精度，其次是爆破技术、施工管理、测量放线、地质条件等，前三项因素对爆破质量的影响最大。

光爆效果的优劣除用肉眼观察衡量外，还可用周边炮眼痕迹保存率进行判断。周边炮眼痕迹保存率计算公式如下：

$$\text{周边炮眼痕迹保存率}\ \xi=\frac{\text{残留有痕迹的炮眼数}}{\text{周边眼总数}}\times 100\%$$

炮眼痕迹保存率依岩质不同应满足：

（1）硬岩：$\xi \geqslant 80\%$；

（2）中硬岩：$\xi \geqslant 70\%$；

（3）软岩：$\xi \geqslant 50\%$。

硬岩、良好的爆破效果情况下炮眼痕迹保存率较高，如图3.6所示。

图3.6　炮眼痕迹保存情况

隧道开挖质量的控制，一般包括开挖断面规整程度和断面尺寸及超欠挖控制两个方面。

隧道开挖断面的尺寸要符合设计的要求，在围岩松软且地压力较大的情况下，围岩变形较大，应根据计算及实测施工数据留足预留变形量及支撑沉落量，防止出现净空不够的现象。根据围岩类型选择合适的断面开挖方法和施工工艺，一般常用的施工方法为钻爆法。对于硬岩宜采用光面爆破，软岩宜采用预裂爆破。采用半断面开挖方法时，下半断面开挖厚度及用药量要严格控制，减小扰动，防止拱部围岩失稳。对于开挖轮廓面的规整程度采用目测方法进行检验：岩面上不应存在明显的爆破裂缝，周边炮眼痕迹分布均匀，保存率应满足：硬岩≥80%，中硬岩≥70%，软岩≥50%；两茬炮的衔接台阶形误差不大于15cm；爆破石渣的破碎程度与装渣机械相适应。

超欠挖的控制通过实测施行，《公路工程质量检验评定标准》（JTG F80/1—2004）根据围岩的情况和部位确定了不同的规定值及允许偏差。超欠挖的测定除用尺量外，还可通过比较实际出渣量与设计出渣量、实际衬砌混凝土量与设计衬砌混凝土量的方法测定。隧道激光断面仪可快速精确地测定隧道开挖的实际断面，并与设计断面放在同一极坐标下进行比较，从而得出隧道超欠挖的详细资料，及时指导施工。隧道激光断面仪近年来已经在公路隧道施工中开始应用。此外，还可利用二次衬砌的模板为参照量测开挖断面，或用坐标法及三维近景摄影法进行量测，但操作计算复杂，实用性差。需要指出的是，隧道开挖质量的检测不是仅针对某一断面进行检测评价，而是在一个长度段内连续测量若干等距的断面，对所有实测数据综合计算分析，最后得出该段的开挖质量检测结果。

随着技术的进步，采用全断面仪可快速、准确的测定隧道的超欠挖。

3.2 预留变形量的设置

一般情况下，隧道开挖后周边围岩会产生一定的变形。为使衬砌所承受的变形压力最小，允许围岩产生一定的变形，释放一定的能量，故在确定开挖尺寸时应预留必要的变形量。在设计阶段，预留变形量的大小应根据围岩地质条件，采用工程类比法确定。无类比资料时，可参照使用《公路隧道设计规范》（JTG D70—2004）中表8.4.1提供的参考值。一般Ⅰ～Ⅱ级围岩变形量小，并且多有超挖，所以可不预留变形量；而Ⅲ～Ⅴ级围岩则有不同程度的变形，特别是软弱围岩（含浅埋隧道）的情况比较复杂，要确定统一预留变形量是不合适的，隧道相同围岩级别的不同段落产生的变形量也不可能完全相同。例如，Ⅳ级围岩的围岩质量指标[BQ]为251～350，较好的Ⅳ级围岩（[BQ]值接近350）与较差的Ⅳ级围岩（[BQ]值接近251）变形量就存在差别。

因此，施工期间应根据已经建成相似隧道相同围岩级别的预留变形量和工程经验，采用工程类比法确定预留变形量初值，施工过程中根据现场量测结果及时修正。

预留变形量大小与围岩级别、断面大小、埋置深度、施工方法和支护情况等有关，应综合考虑上述因素的影响。确定预留变形量时应注意以下事项：

（1）设计给出的预留变形量应理解为同一围岩级别的平均值，可根据监控量测信息进行调整。

（2）设置预留变形量应考虑超挖大小，结合工程经验和实际情况进行设置。

（3）Ⅴ级围岩隧道洞口浅埋段预留变形量宜留足，先取大值，以防实际变形量超出预留值导致空间不足而产生侵界，同时为必要时的结构加固留有余地。

（4）应严格控制Ⅴ级围岩隧道洞口浅埋段变形量。变形不加以控制则会导致围岩松散，使围岩自身承载能力下降。

（5）Ⅴ级围岩隧道洞口浅埋段宜结合超前大管棚、超前小导管注浆、锁脚锚杆和锁脚钢管等措施对围岩进行预加固和预支护。预计变形量较大，隧道地表存在水库、建筑物、水池时，单洞三车道隧道宜采用单侧壁导坑法或双侧壁导坑法，单洞两车道隧道可采用单侧壁导坑法，以有效控制沉降。

（6）同一围岩级别应通过区分地质、水文、埋深、施工方法、结构闭合的早晚等取值。例如，隧道基底和台阶基础围岩破碎松散、承载力较弱时取大值，否则取较小值。

（7）预留变形量取值与施工控制超挖的能力有关，应考虑可能产生的超挖大小。

（8）Ⅰ～Ⅱ级围岩变形量小，且多有超挖，可不预留变形量。

（9）预留变形量和超挖大小与初期支护厚度和二次衬砌厚度存在关系。

预留变形量和超挖越大，二次衬砌厚度越大，反之则越小。初期支护喷射混凝土与实际变形量和超挖也存在类似关系，如果预留变形量和超挖过大，钢架上方与岩体开挖轮廓线之间出现大小不一的空洞（图3.1斜线所示区域），空洞的回填处理同样是动态设计问题。初期支护与开挖轮廓线之间的空洞形态复杂、大小不一，且位置不同，其处理方法需设计方的参与，并确定相应的处理方案。

3.3 病害类型

图3.7　钢架与围岩脱空严重

1）钢架与围岩脱空严重

开挖轮廓不圆顺，断面轮廓线凹凸不平，钢架与围岩脱空严重。由于钢架与围岩之间脱空严重，钢架与围岩之间回填大量片石（图3.7）。钢架与围岩之间设置契块十分困难。由于钢架、钢筋网和纵向连接筋的阻挡，喷射混凝土的密实性降低。

2）边墙二次衬砌厚度不足

边墙底部欠挖造成边墙二次衬砌厚度不足也是隧道开挖中常出现的问题（图3.8）。铺挂防水层、浇注矮边墙前，应检查开挖断面是否存在欠挖，否则应处理后再浇注矮边墙。

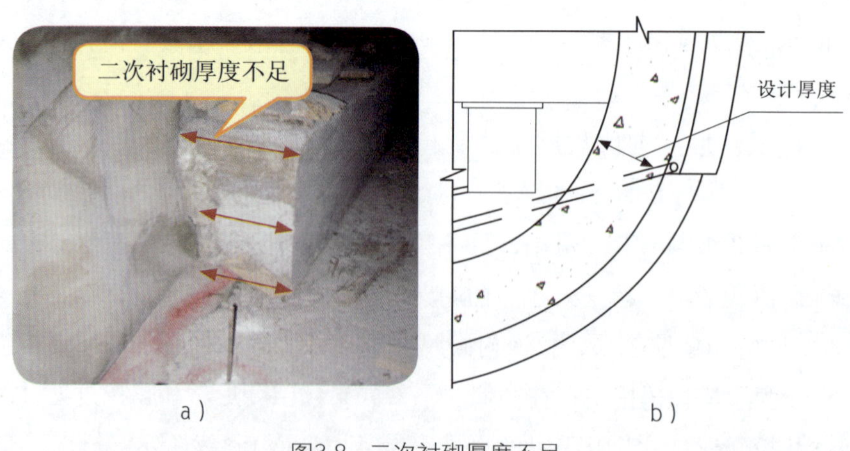

a）　b）

图3.8　二次衬砌厚度不足

3）超挖和塌方处理

如图3.9所示，隧道围岩自身具有随机性、模糊性、不可预见性和复杂性，且围岩岩性多变，还可能遭遇断层破碎带、岩溶、采空区和涌水突泥。在隧道开挖的过程中，围岩也会出现松动，如果对爆破不加控制或开挖进尺过大，不断造成围岩松动圈的加大，降低围岩自身的承载能力，开挖面临的塌方风险相应增大。

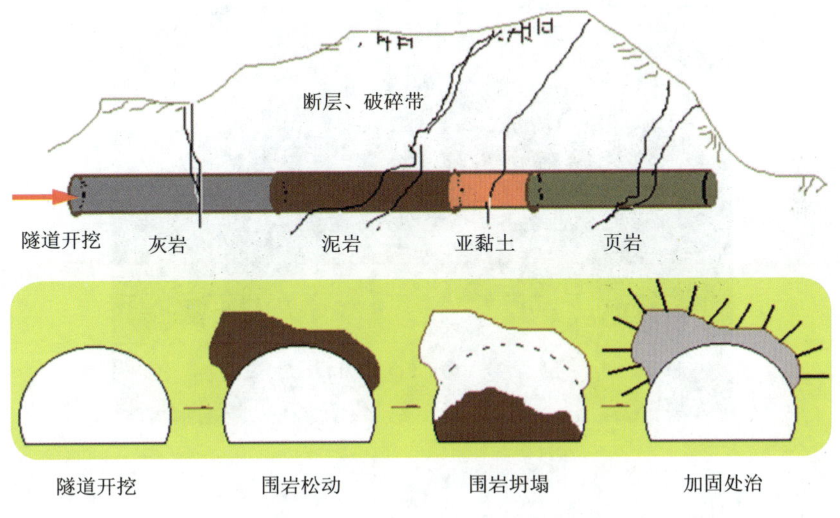

图3.9　隧道开挖遭遇围岩坍塌

随着技术的进步，地质雷达、TSP等超前预测技术应用到隧道施工中。地质条件复杂的隧道，尤其是可能存在岩溶、涌水突泥、采空区和断层破碎带的隧道，应充分利用超前地质预报，预测隧道开挖前方可能存在的各种不良地质灾害，及时调整施工组织设计，采取必要的工程技术措施。预防隧道塌方的各种工程技术措施如下：

（1）地质条件复杂的隧道和洞口浅埋段，严格遵循“超前探，先治水，管超前、严注浆、短进尺、弱爆破、强支护、紧封闭、勤量测”的原则。

（2）选择合适的施工方法。

选择正确的施工方法十分重要，方法选择不当是隧道产生塌方的原因之一。两车道隧道洞口浅埋段常用预留核心土环形导坑法（图3.10）；三车道大断面隧道，尤其是Ⅴ级围岩洞口浅埋段，施工之初，往往存在对隧道认识不足的问题，如果盲目进洞，常常欲速则不达。一般而言，采用双侧壁导坑法或单侧壁导坑法是比较稳妥的方法，在隧道洞顶存在水库、池塘、建筑物、高压铁塔等时，对沉降变形需严格控制，更应慎重选择施工方法。选择施工方法还应考虑施工方法的转换，在越过洞口浅埋段后开始调整施工方法。两车道隧道洞口浅埋段在设置超前大管棚的前提条件下，可以采用预留核心土环形导坑法。

图3.10 预留核心土环形导坑法

（3）及时施作初期支护和仰拱，使结构闭合。

一方面要控制开挖进尺，另一方面，隧道开挖后，必须及时支护。隧道开挖后，围岩应力状态由三维转为二维，产生应力释放和围岩变形，如果对围岩变形不加以控制和约束，导致围岩松动，使松动圈不断扩大，往往存在塌方的风险。

在任何情况下，使隧道断面能在较短时间内闭合极为重要。结构闭合后，结构抵抗围岩变形的能力大大增强。

（4）采用控制爆破，尽量减小围岩松动圈范围。

密打眼、少装药、多循环是减少围岩松动圈的关键。隧道进尺长，需要的炸药量就多，产生的爆破震动也大，不利于减小松动圈。打眼少，不利于爆破成形，爆破成形不好则产生应力集中，也不利于维护、利用围岩自身的承载能力。

（5）发挥、利用超前支护对作业人员的保护作用和对围岩的加固作用。

超前支护包括超前大管棚、超前小导管和超前锚杆。**应用超前支护首先应注意不同类型之间的搭接，例如，超前大管棚与超前小导管之间的搭接，超前小导**

管与超前锚杆之间的搭接。

①超前锚杆是一种超前预支护的方法，一般适用于Ⅳ级围岩松散破碎的地层。首先用凿岩机或钻孔台车沿隧道外轮廓线向外钻孔，然后安设锚杆。超前锚杆根据围岩情况，可采用双层或三层。一般超前锚杆设置后，即可进行开挖，但应保证前后两组支护在纵向应有不小于1m的水平投影搭接长度（图3.11）。

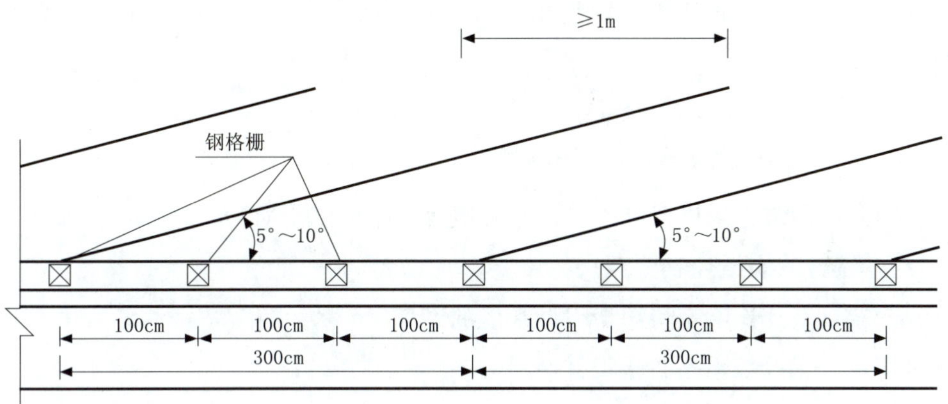

图3.11　水平投影搭接长度图示

超前锚杆支护若采用一般砂浆作胶结物时，爆破后很可能影响其强度。为此宜采用早强砂浆作为锚杆与岩层孔壁间的胶结物，以使其尽早发挥超前支护作用（图3.12）。早强砂浆做超前锚杆支护常用在Ⅳ级围岩。

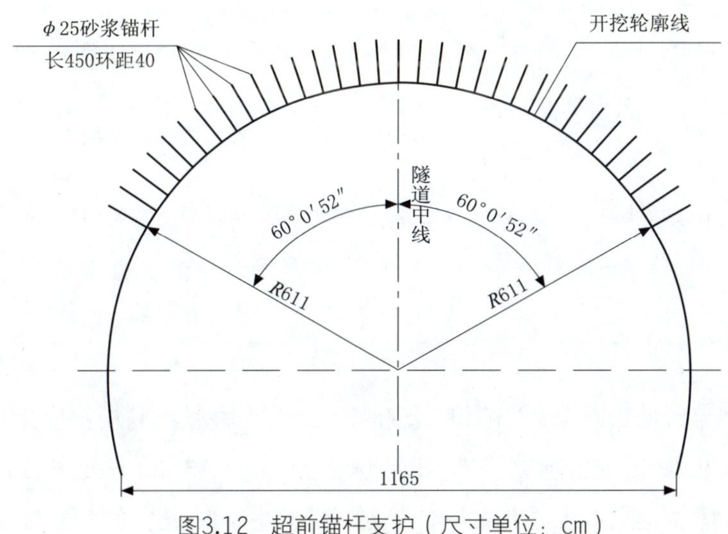

图3.12　超前锚杆支护（尺寸单位：cm）

超前锚杆设置应遵循下列原则：

a. 布设范围：拱部120°～150°。

b. 锚杆直径宜取22～25mm。

c. 锚杆长度宜为3～3.5m，拱部超前锚杆纵向两排之间应有1m以上的水平搭接段。

d. 锚杆间距：Ⅳ级围岩宜为40～50cm；Ⅴ级围岩宜为30～40cm。一般用于Ⅳ级围岩。

e. 锚孔直径不应小于40mm，可设一排或数排。

f. 超前锚杆外插角宜为5°～30°。

g. 充填砂浆宜采用早强砂浆，其强度等级不应低于M20。

超前锚杆的质量控制要点：

a. 锚杆入孔长度不得短于设计长度的95%。

b. 超前锚杆数量不少于设计数量。

c. 充填砂浆强度等级符合要求。

其他检查项目的规定值或允许偏差等见表3.2。

超前锚杆质量控制标准 **表3.2**

项次	检查项目	规定值或允许偏差	检查方法和频率	权值
1	长度	不小于设计值(m)	尺量：检查锚杆数的10%	2
2	孔位	±50(mm)	尺量：检查锚杆数的10%	2
3	钻孔深度	±50(mm)	尺量：检查锚杆数的10%	2
4	孔径	大于杆体直径+15(mm)	尺量：检查锚杆数的10%	2

②超前小导管是公路隧道常用的预加固、预支护手段。利用钢拱架作为尾端支点，另一端伸入未开挖的岩体中，形成保护壳（图3.13），一般用于Ⅴ级围岩及其加强段。特点是刚度大，见效快，超前支护效果优于超前锚杆。

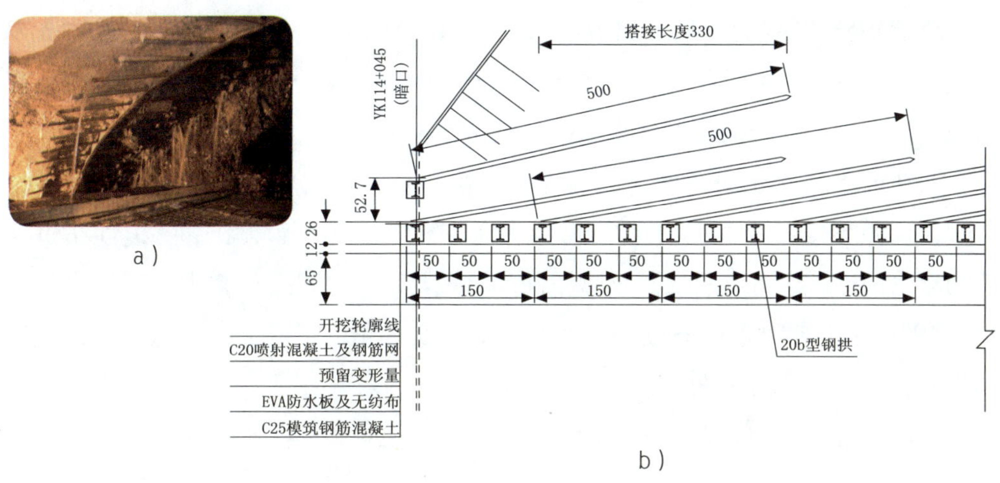

图3.13　超前小导管支护示意图（尺寸单位：cm）

超前注浆小导管是加固岩体，防止隧道塌方、掉块的有效手段，工作人员在超前小导管形成的保护壳下作业，安全度大大提高。

超前小导管常与钢架配合使用，分单层和双层两种形式。也可通过前后两排小导管的搭接长度起到双层效果。

超前小导管与钢架间距之间的关系如图3.14所示。钢架间距越大，其外插角越小，反之，小导管外插角越大。外插角控制在10°～15°左右是合适的。外插角较大时，可能产生较大的超挖。

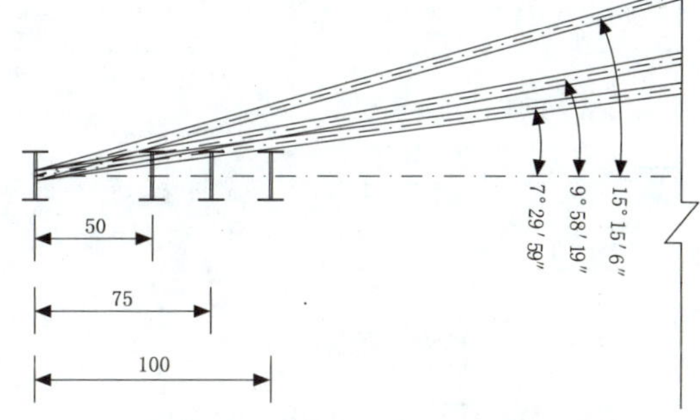

图3.14　超前小导管与钢架间距的关系图（尺寸单位：cm）

超前小导管的质量控制标准见表3.3。

超前小导管质量控制标准　　表3.3

项次	检查项目	规定值或允许偏差	检查方法和频率	权值
1	长度	不小于设计值(m)	尺量：检查10%	2
2	孔位	±50(mm)	尺量：检查10%	2
3	钻孔深度	±50(mm)	尺量：检查10%	2
4	孔径	大于杆体直径+20(mm)	尺量：检查10%	2

超前锚杆和超前小导管的长度应视施工机具而定，一般风钻只能打3.5m深孔，由于超前锚杆和超前小导管必须有一定的倾角，过长会对施工造成困难，采用3.5m是方便、经济的深度，引起的超挖量也不大。

③超前大管棚：当隧道穿越破碎带、松散带、软弱地层、涌水、涌沙等地段时，管棚及其超前注浆对隧道的稳定起到了保护作用。管棚作为隧道顶部和边墙的超前预支护，可以有效防止掌子面的坍塌及地层过量变位，为隧道开挖提供安全保障。同时管棚施工较快、安全性高，被认为是隧道施工中预防事故的最有效、最合理的辅助措施之一。

超前大管棚的施工方法、适用地层和常用管径见表3.4。

超前大管棚施工参数　　表3.4

施工方法	适用地层	常用管径（mm）
泥浆循环跟管钻进法	松散黏土层、粉土层、淤泥层、沙层、回填土层、强风化岩层	ϕ108、ϕ133、ϕ146、ϕ159
风动力跟管钻进法	湿陷性黄土地层	ϕ108、ϕ159
潜孔锤冲击成孔送管法	弱~中风化岩层、夹碎石强风化地层	ϕ108、ϕ159
潜孔锤跟管钻进法	卵石、碎石地层，卵石、碎石夹层及塌方现场	ϕ108、ϕ127、ϕ159

超前大管棚的优点：

a. 管棚工法所采用的钢管具有较高的刚性强度，而且管径相对较大，能够承载较大上部负荷。

b. 管棚工法的注浆可以使浆液在管棚钢管周围沿着土体缝隙进行扩散，不仅能起加固土体的作用，而且还能起到一定的止水效果。

c. 管棚工法打设的钢管长度较大。目前施作管棚长度可以达到100m以上，这样可以大大地减少预支护循环次数，加快施工进度。

d. 管棚工法能够通过专用导向仪精确控制管棚钢管铺设的轨迹线，确保管棚钢管按设计要求铺设，有利于控制隧道施工时的开挖量，减少施工成本。

e. 最新技术可以在软弱地层中高精度一次性打设数百米的管棚。

f. 管棚工法因为采用大功率的水平定向钻机，施工效率比较高，大幅度地减少隧道开挖过程中辅助时间，提高施工效率。

管棚参数主要包括开孔位置、倾角、外插角和环向间距。各参数条件如下：

a. 管棚中心位置距开挖线20～30cm，开孔位置偏差为±2cm。

b. 管棚倾角根据地质情况及隧道坡度确定。

c. 外插角一般为1°～2°。

d. 环向间距根据现场地质条件、管棚管径确定，一般为30～50cm。

应用管棚超前支护，一般要设置1.5～2m套拱，套拱与仰坡贴合。套拱中内嵌钢架，钢架拱部120°～150°范围设导向管，安设的平面位置、倾角、外插角的准确度直接影响管棚的质量，是浇注套拱前必须检查的重点内容之一。同时应注意检查套拱混凝土基础的承载力，承载力不足时应采用扩大基础、换填等措施进行处理。

3.4 分离式隧道

3.4.1 总体程序（图3.15）

由岩石力学的基本原理可知，在轴对称情况下圆形孔洞开挖后周壁径向应力降为零，而切向应力在周壁达到最大，为原岩应力的两倍，只有距离开挖洞壁足够远时才恢复为初始应力状态。为了最大限度地减小双洞开挖的相互影响和降低围岩二次应力场的不利叠加，避免塑性域联通恶化围岩—支护承载体系，从理论上讲，将两相邻隧道分别置于围岩压力相互影响及施工影响范围之外，这对降低支护结构的造价与施工难度是有益的。因此，分离式隧道是最常见、应用最广的隧道形式。

应综合考虑隧道之间的净距、跨度、埋深、工程地质条件、水文地质、施工机械配置和施工技术水平、工期等参数从而确定隧道施工方法，施工方法应与辅助施工措施相配合，并考虑转换施工方法的适应性。山岭公路隧道施工一般采用钻爆法（图3.16），钻爆法分类如图3.17所示。

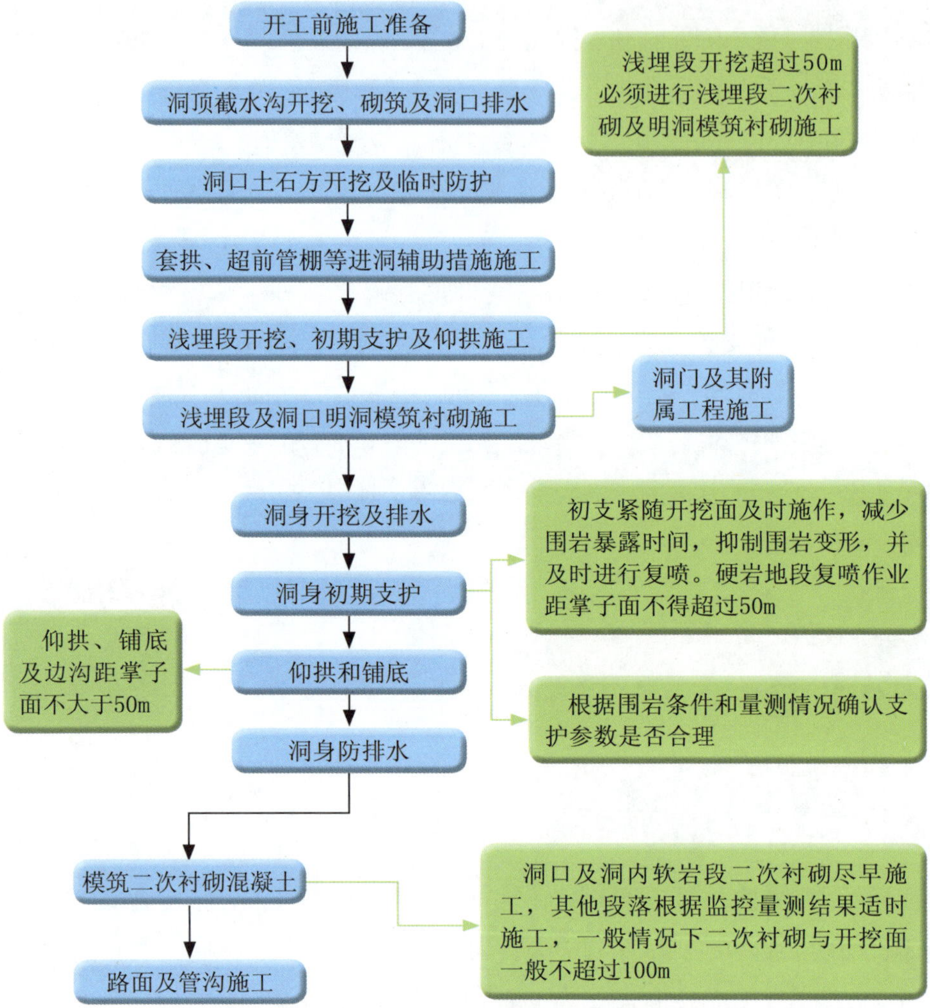

开工前施工准备

↓

洞顶截水沟开挖、砌筑及洞口排水

↓

洞口土石方开挖及临时防护

↓

套拱、超前管棚等进洞辅助措施施工

↓

浅埋段开挖、初期支护及仰拱施工 → 浅埋段开挖超过50m必须进行浅埋段二次衬砌及明洞模筑衬砌施工

↓

浅埋段及洞口明洞模筑衬砌施工 → 洞门及其附属工程施工

↓

洞身开挖及排水

↓

洞身初期支护 → 初支紧随开挖面及时施作，减少围岩暴露时间，抑制围岩变形，并及时进行复喷。硬岩地段复喷作业距掌子面不得超过50m；根据围岩条件和量测情况确认支护参数是否合理

↓

仰拱和铺底 → 仰拱、铺底及边沟距掌子面不大于50m

↓

洞身防排水

↓

模筑二次衬砌混凝土 → 洞口及洞内软岩段二次衬砌尽早施工，其他段落根据监控量测结果适时施工，一般情况下二次衬砌与开挖面一般不超过100m

↓

路面及管沟施工

图3.15 分离式隧道总体施工程序示意图

图3.16 钻爆法隧道施工示意图

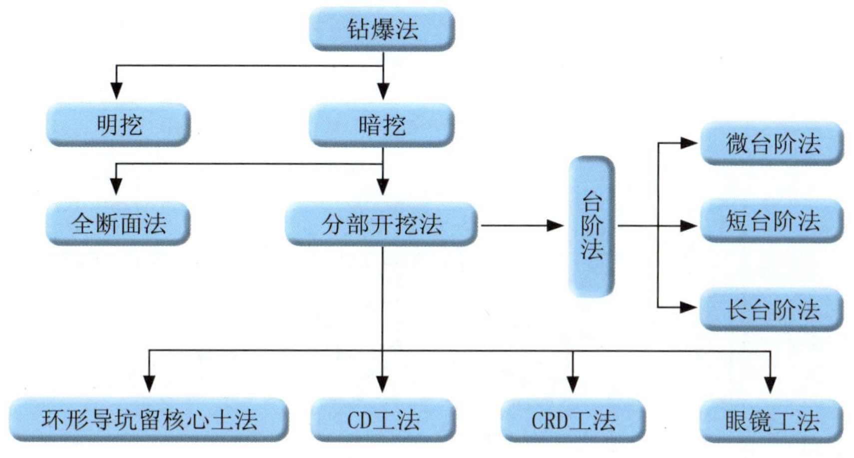

图3.17　钻爆法分类

钻爆法中最常用的施工方法是台阶法（包括环形导坑留核心土法）、全断面法和单侧壁导坑法。

公路隧道按其跨度分类见表3.5。

公路隧道按跨度分类表　　　　表3.5

序次	跨度分级	开挖宽度B（m）	说　明
1	小跨度隧道	$B<9$	单车道、服务车道，行车、行人横洞
2	中跨度隧道	$9\leqslant B<14$	单车道的错车带、双车道
3	大跨度隧道	$14\leqslant B<18$	双车道的紧急停车带、三车道
4	超大跨度隧道	$B\geqslant 18$	四车道、连拱隧道

公路隧道按其覆盖层厚度H可分为：浅埋隧道，$H\leqslant 2B$；深埋隧道，$H>2B$。公路隧道按埋深分类如图3.18所示。

3.4.2　隧道施工方法注意事项

（1）Ⅴ级围岩洞口浅埋段一般采用环形导坑留核心土法或单侧壁导坑法

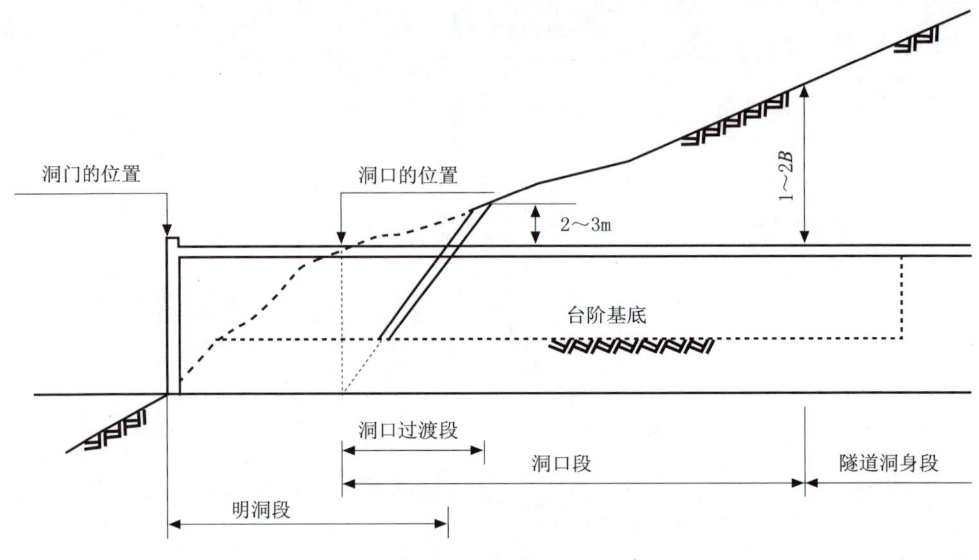

图3.18　公路隧道按埋深分类

（辅以超前大管棚或双层小导管）。该法必须确保超前支护质量，注意超前大管棚与超前小导管之间的搭接，两者搭接长度应大于等于3m。

（2）初期支护接腿时左右两侧不能同时开挖，纵向距离一般控制在2～3m，开挖后尽快施作初期支护。

（3）隧道设仰拱段应尽早施作仰拱，使结构闭合，仰拱搭设栈桥整幅开挖时，其纵向距离一般不得超过5m，分幅开挖时纵向距离不得超过10m。

（4）软弱围岩，掌子面与二次衬砌之间的距离应严格控制；其他围岩应根据监控量测信息适时施作二次衬砌。

3.4.3　施工要点

各级围岩的开挖方法应根据工程地质条件、跨度大小、监控量测信息、涌水量和自然条件等选定。工序之间应衔接紧凑，开挖必须与支护、衬砌施工相协调配合。

（1）两车道土质和类似土质、含水率大、承载力低的围岩须按环形导坑留核心土法或单侧壁导坑法施工（图3.19、图3.20）。隧道开挖尽量采用人工或机械开挖，维护围岩自身承载能力，并使开挖断面尽量圆顺，避免欠挖。隧道洞口段开挖应注意留足预留变形量，避免侵占净空，同时为初期支护加强预留空间。环形导坑留核心土施工方法及其流程图如图3.21、图3.22所示。

图3.19　环形导坑留核心土法

图3.20　单侧壁导坑法

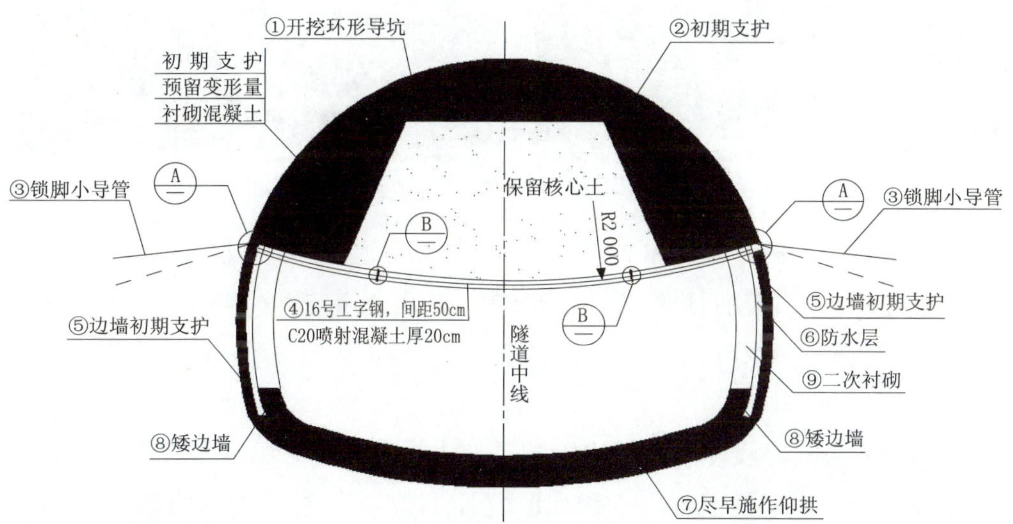

图3.21　环形导坑留核心土施工方法

（2）三车道隧道Ⅴ级围岩浅埋段应按CD法、CRD法或双侧壁导坑法（眼镜法）施工。CD法、CRD法和眼镜法中的临时支护应尽量晚拆除，在仰拱闭合的情况下再拆除（图3.23、图3.24）。

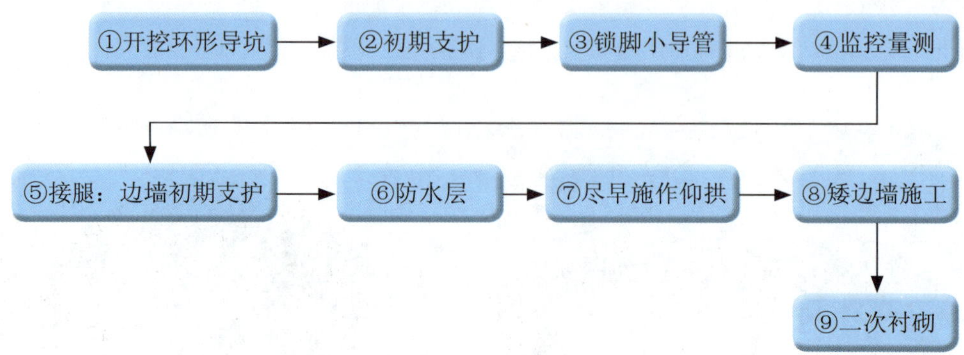

图3.22　环形导坑留核心土施工方法流程图

图3.23　双侧壁导坑法

图3.24　CD法

（3）采用CD法、CRD法或眼镜法时应根据隧道基底围岩承载能力、监控量测信息确定是否设置临时横撑或竖向支撑。当隧道拱顶下沉或周边收敛量大，无稳定趋向时，应及时设置临时支撑，控制围岩和支护变形，防止围岩松弛区的扩大。

（4）V级围岩浅埋段应严格控制开挖进尺，开挖一榀钢架距离后及时支护，同时保证超前支护质量。V级和Ⅳ级围岩浅埋段每循环进尺控制在2榀钢架长度以内。采用侧壁导坑法施工的隧道中隔壁临时拆除应滞后于仰拱。Ⅱ级、Ⅲ级围岩开挖应贯彻“多打眼、少装药、多循环”施工原则，采用控制爆破，使开挖断面圆顺。

（5）采用环形导坑留核心土法施工时，应加强施工排水，避免隧道排水不畅软化隧道基础。尤其要注意钢架的锁脚，减小隧道拱顶下沉；土质的隧道必要时以核心土为基础设立两根临时钢架竖撑以支撑拱顶，根据围岩量测结果、掌子面自稳能力适当滞后核心土开挖。

（6）采用台阶法施工的隧道，上台阶长度应根据围岩级别、监控量测信息等严格控制。下台阶马口落底长度不大于2～3榀钢架的长度，应一次落底，并尽快封闭成环。

3.5 连拱隧道

3.5.1 连拱隧道施工步序

以先开挖左洞为例，左右幅施工至少错开30m，先行洞二次衬砌后再开挖后行洞为最佳方案。中隔墙顶部与中导洞顶之间用喷射混凝土回填密实。连拱隧道施工断面图如图3.25所示。

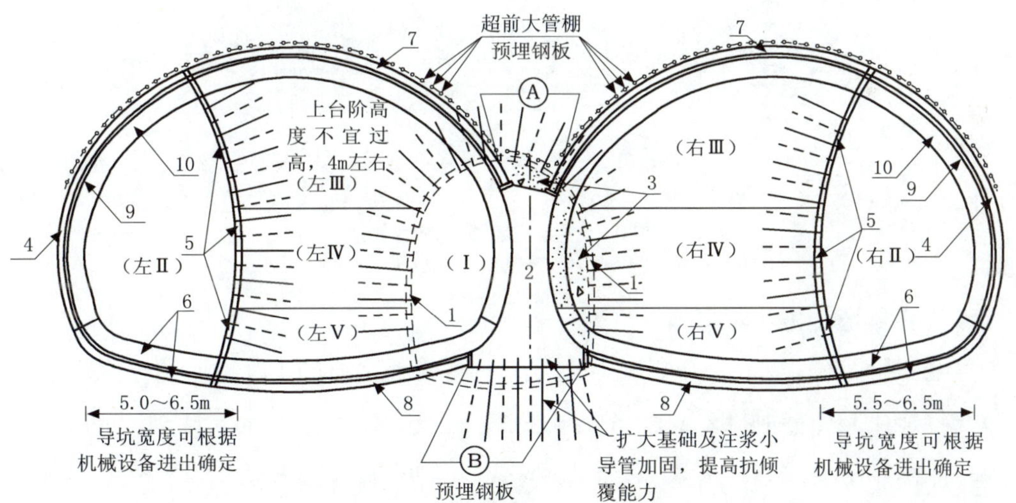

图3.25 连拱隧道施工断面图

1～10-连拱隧道施工步序

加强中墙基础承载力检测，防止施工用水软化基础。为防止中墙产生不均匀沉降，扩大基础及注浆小导管加固中墙基础，提高抗倾覆能力。连拱隧道施工步序如图3.26所示。

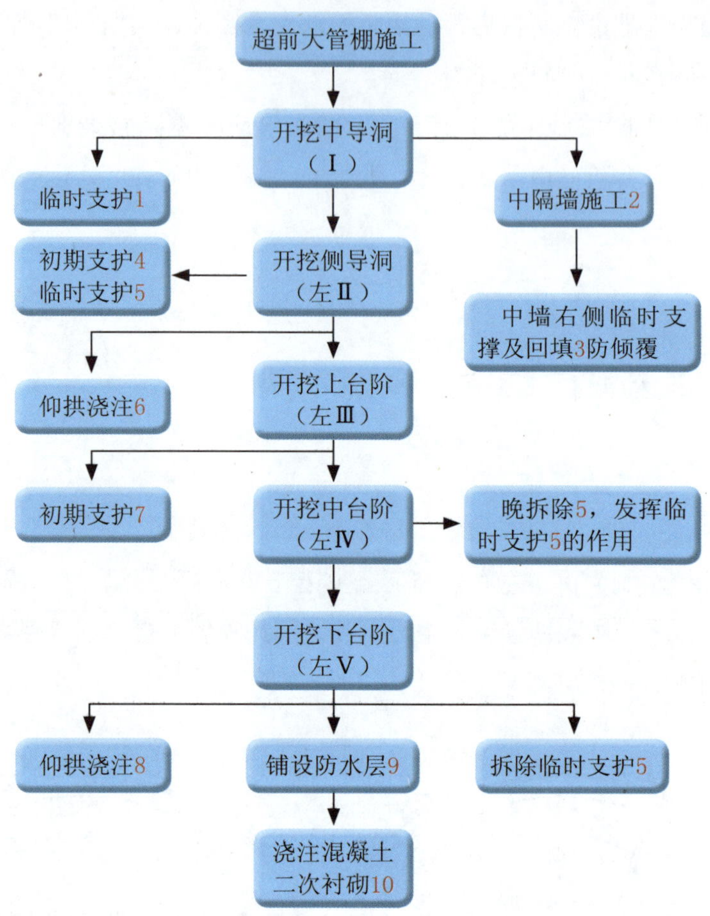

图3.26　连拱隧道施工步序

连拱隧道施工注意事项：

连拱隧道施工，应先行贯通中导洞，探明隧道前方的工程地质情况，指导后续工序施工。中导洞施工应严格控制沉降，避免岩体产生散体压力。中导洞开挖宽度一般情况下宜大于4m，不超过6m。中导洞断面大小主要考虑导洞开挖施工机械配备情况，单口开挖长度大于100m时，一般采用装载机配汽车出渣，断面宽度最好在5.5m左右，在单口长度小于100m的情况下，导坑宽度不宜过大，以4.5～5m宽为宜，中导洞的高度一般比中隔墙高出0.5m，太高会造成中隔墙顶回填量大，且不利于安全。

中导洞应设置在偏向于主洞先开挖的一侧 。这样设置具有如下优点：

（1）在同样宽度情况下，可获得较大的施工空间，便于施工人员的走动和布置施工设施。

（2）在中导坑一侧回填土石或混凝土、加设横向钢支撑时，如果中导坑开挖宽度一样，回填侧较窄，可节约工程数量，降低造价。

（3）隧道主洞开挖并施工了支护和二次衬砌后，先行洞会对中隔墙产生较大的水平推力，将中导坑向该侧偏移，中隔墙顶围岩对中墙的抗力有利于中墙稳定。

（4）中隔墙顶为一侧高一侧低，中隔墙施工时一般采用泵送混凝土施工，显然从较宽一侧进行输送，靠混凝土的自重和流动，容易保证中隔墙顶的密实性。

（5）中导洞偏向一侧时，隧道形成坍落拱的宽度较小，有利于降低围岩对隧道的压力。

（6）当一侧洞室已建成，另一侧洞室开挖时，中墙承受先建成洞室的初期支护的侧向压力，有利于中隔墙的稳定性。

中导坑开挖底面应较中隔墙底面设计高程略高。因为在中导坑开挖后，随着施工设备的碾压和水的浸泡，中隔墙底容易软化，且中隔墙在施工过程中需承受很大的竖向压力，所以必须保证基底围岩的承载力。若在开挖时先预留一定的厚度，在中隔墙施工前，清除基底松软层，可提高基底围岩的承载力。

中墙顶部应设纵向透水管，纵向透水管应用无纺布包裹，防止中墙顶回填时堵塞，每隔5～10m用硬塑引管将水引至水沟中。

3.5.2 施工要点

（1）连拱隧道结构受力条件复杂且开挖跨度大，一般情况下具有埋深浅、长度短的特点，施工时应保证超前预支护和预加固质量，通过预支护和预加固提高围岩自身的承载能力。洞口超前大管棚套拱应设置在坚硬、稳定的基础上，必要时设置扩大基础。大管棚的导向管施工精度是控制大管棚仰角的关键环节，应确保其施工质量，防止大管棚仰角过大或大管棚沉到开挖轮廓线以下。

（2）应采用微震光面爆破或人工、机械开挖，减小对围岩的扰动，防止松动圈扩大产生松弛荷载。

（3）严格按规定的施工步序施工。连拱隧道施工的先后顺序、步距非常重要，应合理安排施工步序，减小先行洞、后行洞施工对围岩及结构的扰动，以确保施工安全。先行洞超前后行洞距离不得小于30～50m。

（4）中导洞施工过程中应加强施工排水，排水不畅软化中隔墙基础。

（5）中隔墙施工时应注意检查基底围岩的承载能力，特别是围岩软硬变化处、围岩分界线附近和受水浸泡的段落，承载力不足时应采取扩大基础、注浆加固等手段提高其承载能力。

（6）严格控制仰拱开挖、初期支护接腿的纵向距离并及时支护。半幅仰拱开挖的纵向距离不得超过10m；整幅仰拱开挖的纵向距离不得超过5m；初期支护接腿开挖的纵向距离不得超过3m。

（7）中隔墙施工时应注意预埋与主洞钢支撑连接钢板。

3.6 小净距隧道

3.6.1 概述

小净距隧道是介于双洞分离式隧道和连拱隧道之间的一种结构形式，双洞间中夹岩距离较小，一般远小于1.0倍洞径。

小净距隧道的特点是尽量发挥双洞中夹岩的承载作用，其施工难度比连拱隧道低，工程造价和工程质量控制也得到改善。

国内小净距隧道最小的岩柱（净间距）仅厚1.27m。

由于小净距隧道施工过程中，围岩应力变化远较分离式双洞隧道围岩应力变化复杂，因此合理的施工方法和施工工序对确保隧道围岩稳定至关重要。

针对小净距隧道，《公路隧道施工技术规范》（JTG F60—2009）9.1.2中规定：

（1）小净距隧道的爆破应进行专门设计，并进行现场爆破试验，测试震动值，严格控制爆破震动，符合现行《爆破安全规程》（GB 6722—2003）的规定。

（2）先行洞与后行洞掌子面错开距离应大于两倍隧道开挖宽度。

设计规范：

由此可见，小净距隧道施工的关键要素是采用光面或预裂爆破，控制爆破震动和左右幅错开施工。

小净距隧道施工的难点、重点是合理选取开挖顺序、控制爆破作业，确保隧道开挖过程围岩的稳定，减小两隧道之间由于净距较小引起的围岩变形、爆破震动等不利因素。

3.6.2 小净距隧道施工要点

（1）隧道左右幅应错开施工，掌子面至少保持两倍洞径的距离，不同的净距错开的距离也不同，隧道净距较小时，适当加大错开距离。隧道净距$L \leqslant 10$m时，左右幅至少错开50～100m，并在先行洞做好二次衬砌后再进行后行洞的施工，后行洞施工必须严格控制爆破震动。

（2）隧道左右洞地质条件不同时，先开挖地质条件较差的隧道较有利。

（3）仰拱对减小、抑制围岩的变形，改善支护结构的受力有重要作用，因此，小净距隧道宜考虑设置仰拱并使其尽早闭合。

（4）施工中对中夹岩柱体的保护至关重要。应采用低威力、低爆速炸药或采用小直径药卷不耦合装药。试验表明，微差爆破比齐发爆破降震约50%。微差段数越多，降震效果越好。应多打眼，间隔装药。

（5）采用分步开挖，增加临空面。爆破体每增加一个临空面，其振动效应可相应降低10%～15%。

（6）采用预裂爆破或预钻防震孔。在爆破体与保护体之间钻凿不装药的单排、双排防震孔或采用预裂爆破，降震率可达30%～50%。

（7）初期支护宜作为主要受力结构，二次衬砌只承受少量荷载，主要作为安全储备。

（8）岩柱加固：为更充分地利用围岩的自承能力，控制围岩的变形，更有效地保证围岩的稳定，对小净距隧道中夹岩体，可施加适当的预应力，改良岩体。对于破碎硬岩的中夹岩体，必须通过锚杆对围岩施加足够的预应力，防止中夹岩变形而失稳，以保证隧道的稳定；对于软弱围岩，一般利用围岩变形使锚杆受拉，被动提供足够的支承力以保证围岩的稳定，如能主动施加一定的预应力，将取得更好的效果。

（9）小净距隧道开挖方法选择，应以减少对中夹岩的扰动，控制中夹岩的围岩变形，有利于保证开挖过程中围岩的稳定性为原则，合理安排左右洞施工工序和步距。

（10）根据以往经验，开挖宜应用微震爆破技术，分步进行开挖，按短进尺、弱爆破、快循环的原则进行施工。

（11）小净距隧道施工应加强监控量测，随时掌握围岩和支护的变形情况，及时修正支护参数，调整施工方案，保证施工安全。

3.7 中隔壁法（CD法）

3.7.1 概述

CD法是在软弱围岩大跨度隧道中，先开挖隧道的一侧，并施作中隔壁，然后再开挖另一侧的施工方法（图3.27）。隧道V级围岩浅埋段常应用该方法。

图3.27　中隔壁隧道施工方法

3.7.2 CD法工艺流程（图3.28）

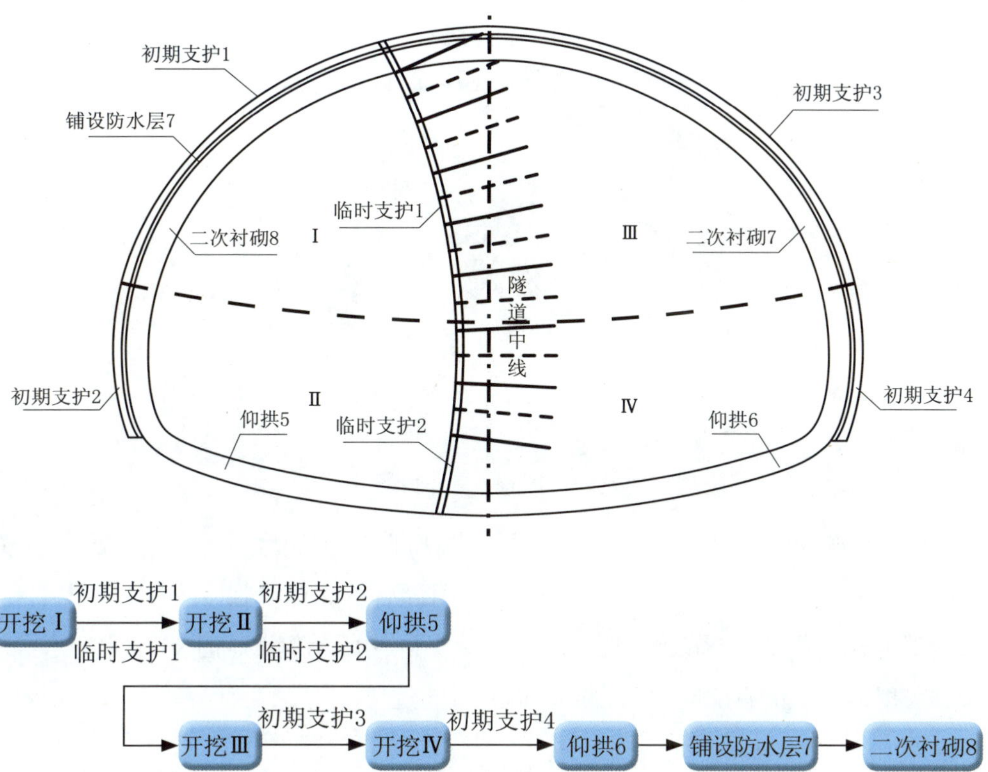

图3.28　CD法施工方案图

3.7.3 施工注意要点

（1）上导Ⅰ、Ⅲ部的开挖循环进尺控制为一榀钢架间距（0.75～0.8m），下导坑Ⅱ、Ⅳ部的开挖可依据地质情况适当加大。

（2）导坑开挖宽度及台阶高度可根据施工机具、人员等安排进行适当调整，但导坑侧壁临时支护位置不得超过隧道中线。钢架之间纵向连接钢筋应及时施作并连接牢固。

（3）导坑开挖过程中，周边收敛和沉降量呈增大、无稳定趋势时，应及时封闭仰拱5和仰拱6，使结构闭合成环。必要时架设临时钢、木支撑，控制变形。

（4）钢架与钢架之间应采用连接钢板连接并咬合紧密，必要时加焊。侧壁临时支护钢架与永久支护钢架之间采用角钢连接并加焊（图3.29）。

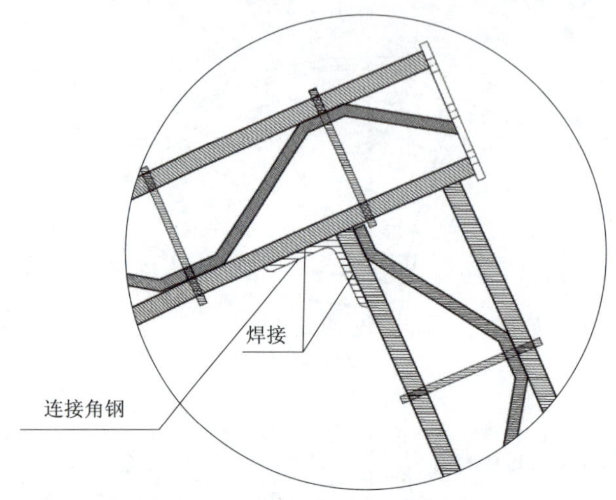

图3.29　连接角钢加焊

（5）应根据监控量测信息确定拆除侧壁临时支护的时机。一般情况下应晚拆除，以充分发挥其作用。宜在隧道仰拱闭合后拆除侧壁临时支护，严禁在隧道变形无稳定趋势时拆除侧壁临时支护。如图3.30所示侧壁临时支护只保留了钢架，喷射混凝土的拆除时机不合适，拆除时间过早。

图3.30　侧壁临时支护拆除过早

（6）先行导坑应保持超前以起到超前地质预报的作用。先行导坑宜超前30m以减少两导坑之间的影响。

3.8 交叉中隔壁法（CRD法）

CRD法是将大断面划分为结构闭合的小断面的典型分部开挖方法，一般应用在三车道、四车道隧道Ⅴ级围岩浅埋段洞口或沉降要求严格的隧道，在围岩自稳能力差、预计变形量较大时可采用该方法。其缺点是作业空间受限，工序多，工序之间的相互干扰大，进度慢，造价高。

3.8.1 施工工艺流程（图3.31、图3.32）

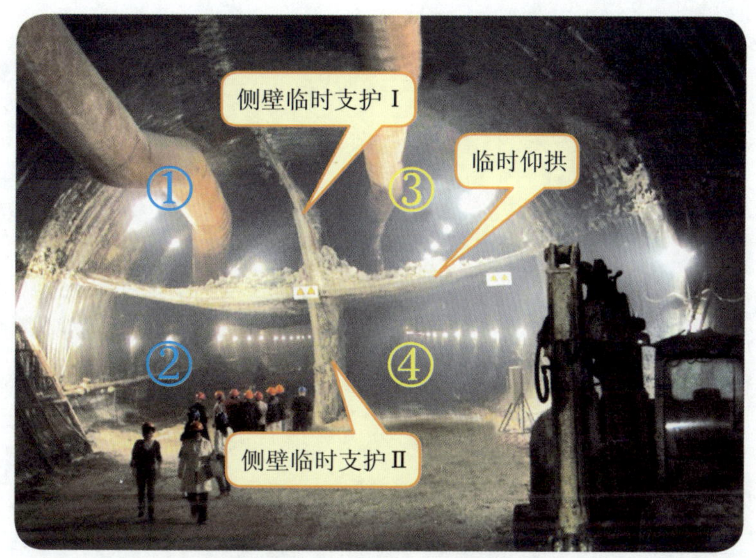

图3.31 CRD法施工现场

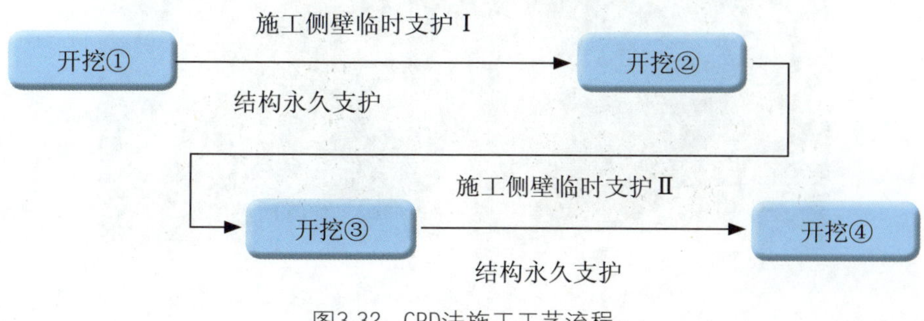

图3.32 CRD法施工工艺流程

3.8.2 施工注意要点

（1）为确保施工安全，上导坑开挖循环进尺控制为一榀钢架间距，下部开挖可依据地质情况适当加大，仰拱一次开挖长度依据监控量测结果、地质情况综合确定，一般不宜大于6m。

（2）中间临时支护系统的拆除时间应考虑其对后续工序的影响，当围岩变形达到设计允许的范围之内，并在严格考证拆除的安全性之后，方可拆除，一般应在仰拱闭合后再拆除。中隔壁混凝土拆除时，要防止对初期支护系统形成大的振动和扰动。

（3）严格坚持“管超前、严注浆、短进尺、弱爆破、强支护、紧封闭、勤量测”的施工原则。

3.9 双侧壁导坑法

双侧壁导坑法俗称“眼镜法”（图3.33），也是一种分部开挖方法，适用于三、四车道Ⅴ级围岩大断面隧道。其优点是安全度较高，控制变形能力强，较CRD法工序少；其缺点是工序较多，作业空间小，造价较高，进度较慢。导坑宽度一般约为隧道开挖宽度B的1/3，但两侧导坑宽度可适当加宽。

图3.33 双侧壁导坑法工程实例图

3.9.1 施工工艺流程（图3.34、图3.35）

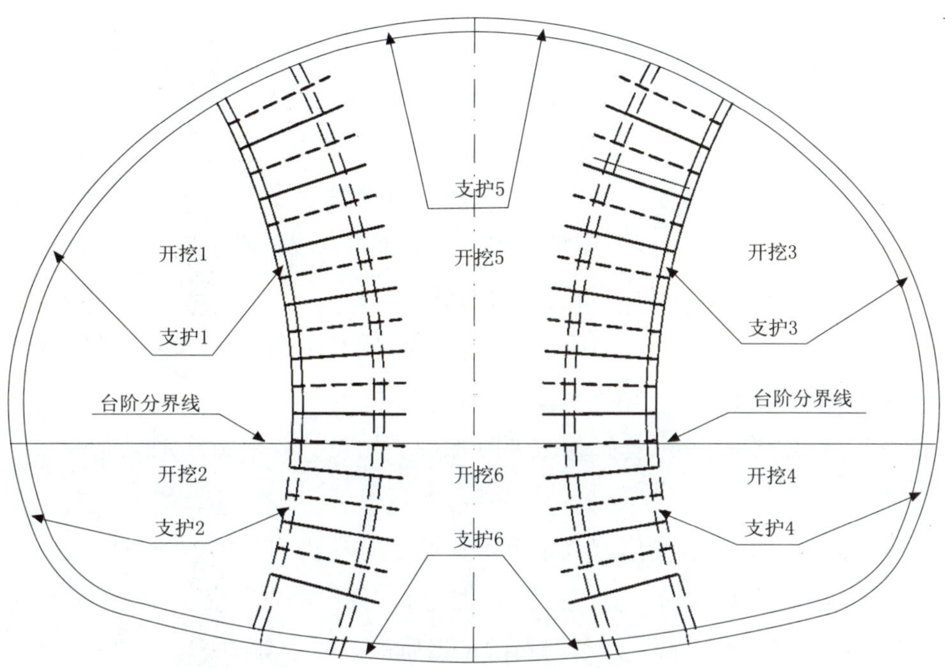

图3.34　双侧壁导坑法施工断面图

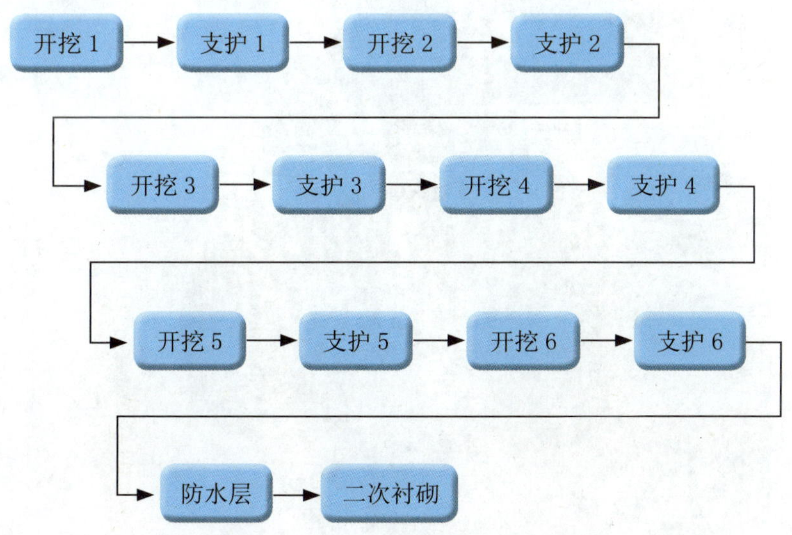

图3.35　双侧壁导坑法施工工艺流程图

3.9.2 施工注意要点

（1）在做好超前支护的前提条件下进行开挖作业，严格控制开挖进尺。应尽量采用挖掘机等机械和人工配合无爆破施工，局部需爆破作业时，应严格控制装药量，以尽量减少对地层的扰动，防止围岩松散变形。

（2）开挖应严格按设计、规范要求做好监控量测工作，随时掌握围岩及支护的变形情况，以便及时修正支护参数，改变施工方法，确定是否设置横撑或临时仰拱。同时，应有较准确的超前地质预报。

（3）做好排水工作，保证排水畅通。重点要对两侧临时排水沟铺砌抹面，防止钢支撑基底软化。

（4）钢架之间应咬合良好，必要时加焊。按设计要求做好钢架连接部位的锁定。

（5）应根据监控量测信息确定拆除侧壁临时支护的时机。一般情况下应晚拆除，以充分发挥其作用。宜在隧道仰拱闭合、仰拱填充完成后拆除侧壁临时支护。严禁在隧道变形无稳定趋势时拆除侧壁临时支护。如图3.36、图3.37所示为准确的侧壁临时支护拆除方法。

图3.36 侧壁临时支护拆除

图3.37 洞内侧壁临时支护拆除

3.10 环形导坑留核心土法

环形导坑留核心土法是两车道隧道V级围岩浅埋段经常采用的工法，三车道隧道也有应用该工法的成功案例。在掌子面自稳能力差时，应先开挖环形导坑，预留核心土，利用核心土对掌子面的支挡作用，同时作为工作平台（图3.38）。人工开挖少扰动，开挖一榀支护一榀，开挖进尺与钢架支护间距匹配。核心土纵向长度为3～5m，微台阶法的台阶高度为2.5m左右。

图3.38 环形导坑留核心土法施工现场

3.10.1 环形导坑留核心土法工艺流程（图3.39、图3.40）

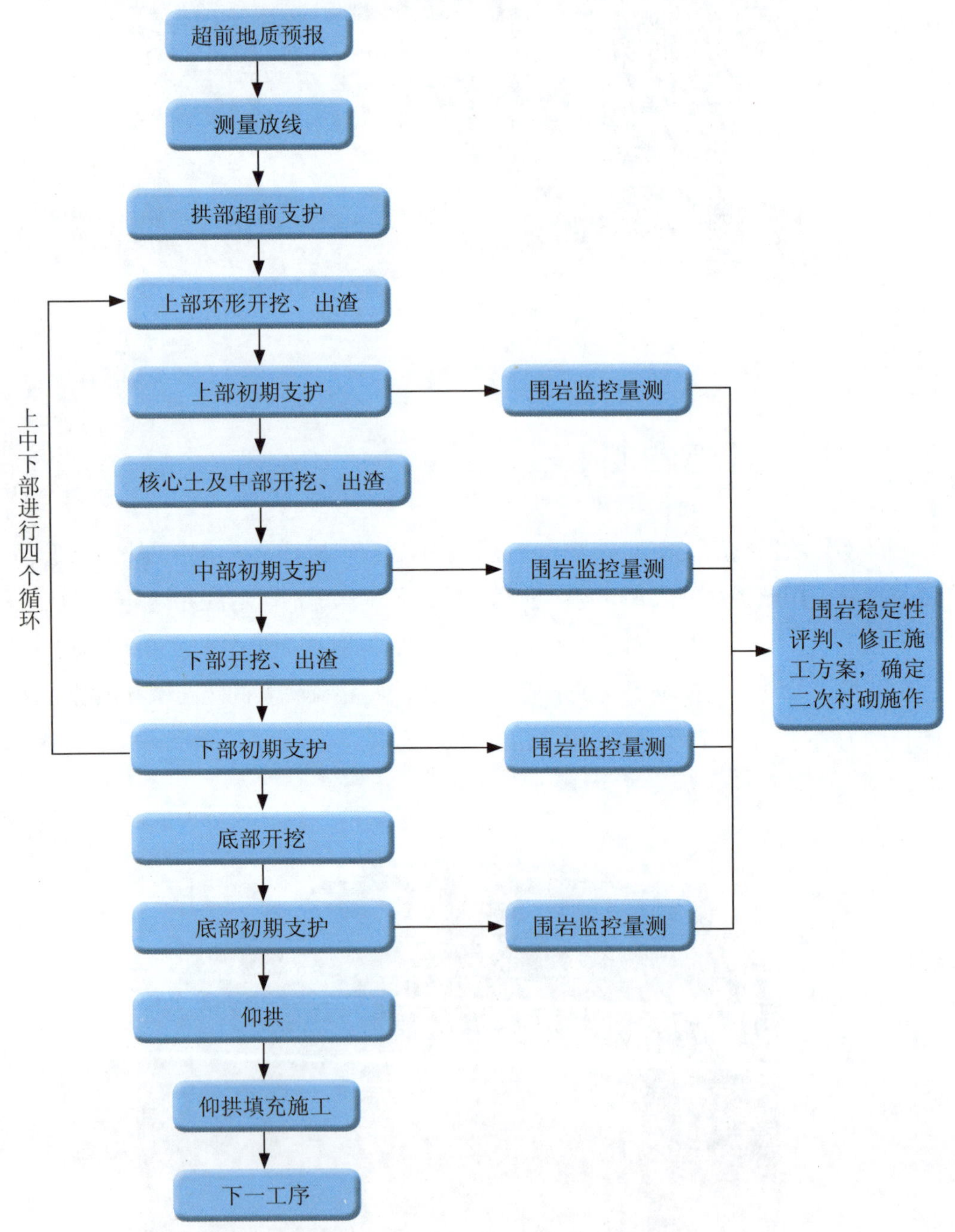

图3.39 环形导坑留核心土法工艺流程图

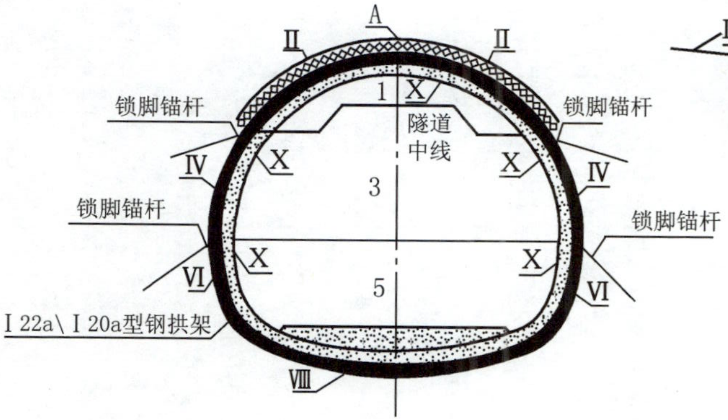

a）施工工序正面示意图

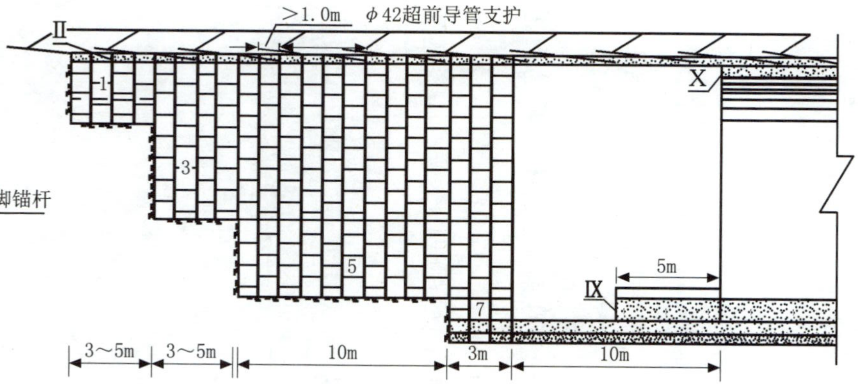

b）施工工序纵断面示意图

注：1．本图为弧形导坑预留核心土台阶法。

2．具体施工顺序如下：

A——拱部小导管超前支护；

1——上部环形导坑开挖；

Ⅱ——上部环形导坑初期支护；

3——核心土及中部台阶开挖；

Ⅳ——中部台阶初期支护；

5——下部台阶开挖；

Ⅵ——下部台阶初期支护；

7——底部开挖；

Ⅷ——底部仰拱支护及衬砌；

Ⅸ——仰拱填充；

Ⅹ——边拱二次衬砌。

3．必要时增设临时仰拱；黄土隧道以核心土为基础设立两根临时钢架竖撑以支撑拱顶，核心土根据围岩量测结果适当滞后开挖。

图3.40　岩石隧道弧形导坑预留核心土法施工工序图

3.10.2 施工注意要点

（1）环形导坑留核心土法，将开挖断面分为上、中、下及底部四个部分逐级掘进施工。上部宜超前中部3～5m，中部超前下部3～5m，下部超前底部10m左右。为方便机械作业，上部开挖高度控制在4.5m左右，中部台阶高度也控制在4.5m左右，下部台阶控制在3.5m左右。

（2）台阶分步法施工时，核心土及下台阶开挖应在前步工序稳定后方可进行。为防止上台阶初期支护下沉、变形，其底部宜加设槽钢托梁，托梁与钢支撑连为一体，并于每榀钢架设置两根锁脚锚杆与纵向槽钢焊接，锚杆布设俯角宜为45°

（3）每一台阶开挖完成后，及时喷射4cm厚混凝土对围岩进行封闭，设立型钢钢架及锁脚锚杆，分层复喷混凝土达设计厚度，必要时各台阶设临时仰拱加强支护，完成一个开挖循环。

3.11 台阶法

台阶法是两车道隧道Ⅱ级、Ⅲ级、Ⅳ级和部分Ⅴ级围岩深埋段常用的施工方法，一般划分为上、下两个台阶。该方法将设计断面分成上半部断面和下半部断面，错开一定距离L（台阶长度）先开挖上半断面，待开挖至一定长度后再开挖下半断面，上、下半断面在不同的工作面同时掘进施工。三车道隧道一般采用三台阶。

台阶法的优缺点：

（1）增加了工作面，前后干扰较小，有利于机械化作业，进度较快。

（2）一次开挖面积较小，有利于掌子面稳定，特别是下台阶开挖时较为安全。

（3）短台阶法相互干扰，增加对围岩的扰动次数。

根据上台阶长度可将台阶法分以下三类：

（1）$L>50$m，长台阶；

（2）$L=5\sim50$m，短台阶；

（3）L=3～5m，微台阶。

施工中究竟应采用何种台阶法，要根据以下两个条件来决定：

（1）初期支护形成闭合断面的时间要求，围岩越差，闭合时间要求越短；

（2）上断面施工所用的开挖、支护、出渣等机械设备施工场地大小的要求。

在软弱围岩中应以前者条件为主，兼顾后者，确保施工安全。在围岩条件较好时，主要考虑的是如何更好地发挥机械效率，保证施工的经济性，故只需考虑后者条件。

3.11.1　台阶法施工程序（图3.41～图3.43）

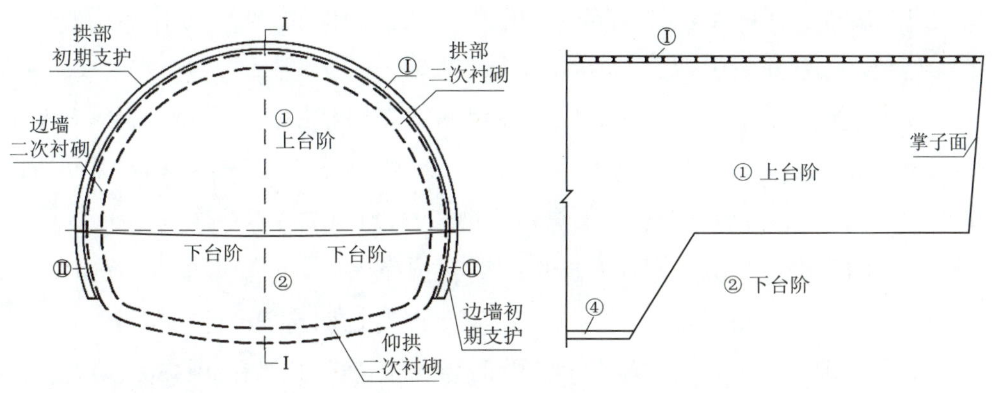

图3.41　台阶法开挖示意图　　图3.42　Ⅰ－Ⅰ截面示意图

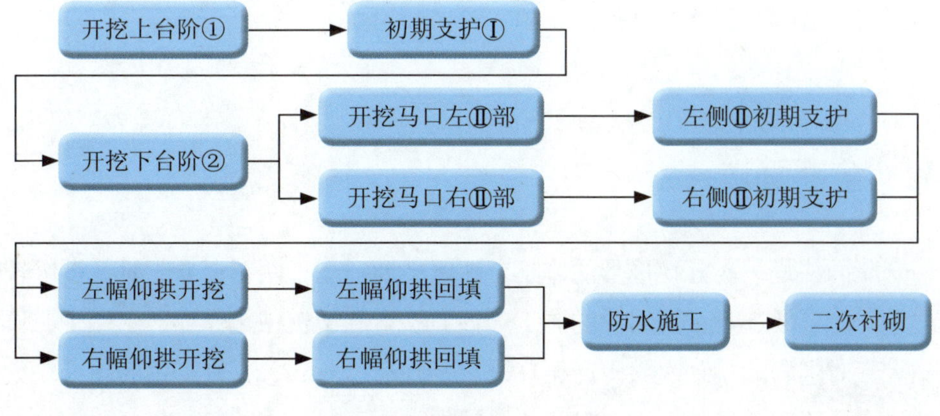

图3.43　台阶法施工工序图

3.11.2 施工控制要点

（1）开挖前，应先做好超前支护。Ⅳ级、Ⅴ级围岩分别采用超前锚杆和超前小钢管辅助施工措施对围岩进行加固。

（2）爆破时应贯彻“短进尺、弱爆破、多打眼”原则，充分维护、利用围岩自身的承载能力，采用微振光面爆破技术。

（3）应减少围岩暴露时间，及时支护。初期支护应紧跟开挖面，上台阶施工时，Ⅴ级围岩和部分Ⅳ级围岩钢架底脚宜设锁脚锚杆、架立钢板和纵向槽钢托梁以保证下台阶施工安全。

（4）接边墙初期支护时，禁止两侧同时开挖。开挖纵向距离不得超过3m，宜一次开挖三榀钢架距离。

（5）仰拱分幅开挖纵向距离不得超过10m。搭设栈桥开挖仰拱时，纵向距离不得超过5m，以避免两侧同时悬空。仰拱开挖后应及时施作支护和仰拱回填。仰拱回填采用片石混凝土时，片石含量不得超过设计和规范规定。

（6）加强监控量测，发现有施作初期支护存在开裂和变形增大趋势时，应提高量测频率，密切注视变形发展情况，必要时对初期支护进行补强。

（7）仰拱应尽早闭合，仰拱与掌子面之间的距离宜控制在30～50m。

（8）应严格控制掌子面与二次衬砌之间的距离，在初期支护变形基本稳定后及时施作二次衬砌。二者之间的距离宜控制在150m左右。软弱围岩段应进一步缩短二者之间的距离，宜控制在30～50m。

3.12 全断面法

全断面法是一次开挖成形的施工方法。主要适用于两车道Ⅱ、Ⅲ及Ⅳ级较好围岩和三车道Ⅱ、Ⅲ级围岩段的施工。该方法有利于机械化作业、工序少、作业空间大、对围岩的扰动次数少。循环进尺不宜超过3.5m，否则产生的超挖较大，装药量多，不利于维护围岩自身的承载能力。

3.13 光面爆破

（1）石质隧道的爆破作业应采用光面爆破。光面（预裂）爆破控制标准见表3.6。

光面爆破控制标准 **表3.6**

序号	项 目	硬岩	中硬岩	软岩
1	平均线性超挖量（cm）	10	15	10
2	最大线性超挖量（cm）	20	20	15
3	两炮衔接台阶最大尺寸（cm）	10	10	10
4	残眼率（%）	≥90	≥75	≥55
5	局部欠挖量（cm）	5	5	5
6	炮眼利用率（%）	90	95	100

（2）光面爆破参数应通过试验确定。当无试验条件时，可参照表3.7选用。

光面爆破参数 **表3.7**

岩石类别	周边眼间距E（cm）	周边眼抵抗线W（cm）	相对距离E/W	装药集中度q（kg/m）
极硬岩	50～60	55～75	0.8～0.85	0.25～0.30
硬岩	40～50	50～60	0.8～0.85	0.15～0.25
软质岩	35～45	45～60	0.75～0.8	0.07～0.12

（3）周边眼应沿隧道开挖轮廓线布置，保证开挖断面符合设计要求，硬岩开眼位置在轮廓线上，软岩可向内偏5～10cm。

（4）底板和仰拱底面采用预留光爆层爆破，Ⅱ、Ⅲ级围岩段的水沟应与隧底光爆层同时爆破成形。

（5）隧道开挖机械是控制开挖成形质量的关键。如图3.44所示为日本建议采用的开挖机械。采用机械开挖成形的质量越好，与围岩贴合越好，对围岩的扰动越小（图3.45）。

图3.44　隧道开挖机械

图3.45　良好的开挖成形质量

3.14　傍山棚洞

（1）边坡开挖前必须做好坡顶的截水沟，使地表水汇集到截水沟后引向设计指定的排水系统。

（2）边坡开挖必须逐级开挖逐级防护，严禁一次开挖成形。土质地层边坡采用挖掘机配合人工开挖，开挖后及时整平边坡；石质地层采用浅眼松动爆破法开挖，及时清理松动石块，配合风镐整平边坡。

（3）棚洞主要施工要点包括桩基础的开挖、混凝土浇筑以及基础梁、斜腿、托梁、顶板、边墙混凝土的浇注。模板安装应尺寸准确，板面平整；具有足够的承载力、刚度和稳定性；构造简单，拆装方便，并便于钢筋的绑扎、安装和混凝土的浇注、养护等要求。混凝土浇筑前必须保证钢筋工程隐蔽验收合格，模板工程验收合格。

（4）钢筋保护层控制。所有的钢筋保护层均使用定型的塑料卡扣；楼板的混凝土保护层厚度用不同规格的塑料垫块控制，墙体、柱、梁的钢筋保护层均采用塑料护圈加固定钢筋控制。

（5）施工的难点及关键点是顶板与斜腿施工缝的处理。由于棚洞靠山侧边坡较陡，边坡的稳定性也是施工考虑的关键因素。

（6）斜腿内钢筋布置密集，混凝土的振捣是施工时要把握的另一关键工序。

（7）傍山棚洞的截面如图3.46所示，棚洞的施工步序如图3.47所示，傍山棚洞效果图如图3.48所示。

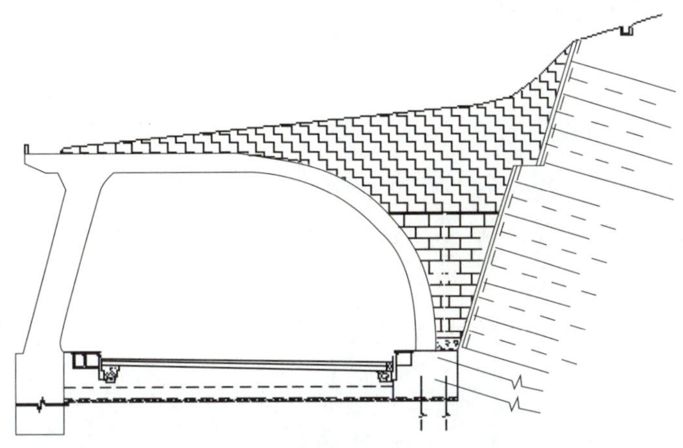

图3.46　傍山棚洞截面示意图

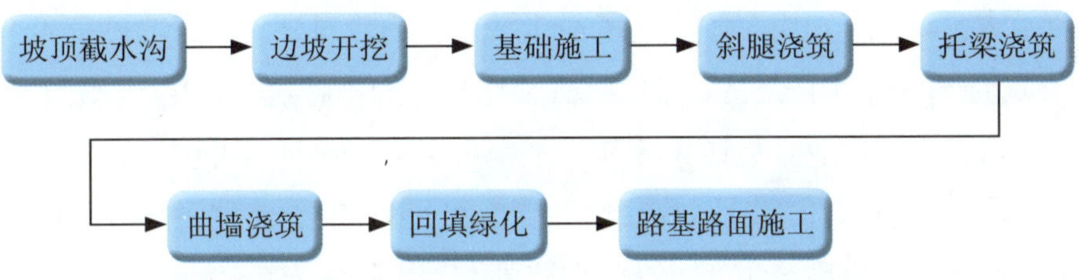

图3.47　棚洞的施工步序

图3.48　傍山棚洞效果图

4 初期支护

喷射混凝土是新奥法的主要支护手段之一，目前由于种种原因，干喷机仍是主要的喷射作业设备。但是，随着人们环保意识的增强以及对喷射混凝土质量要求的提高，已有越来越多的湿式混凝土喷射机开始使用。在一些国际招标的大型水利工程中，如二滩水电站、黄河小浪底工程、三峡工程等，均采用湿式混凝土喷射作业。国内目前使用的各种湿式混凝土喷射机多是从国外引进的。近几年来，国内一些单位也开发研制出几种湿式混凝土喷射机，但生产规模还有待扩大。

湿式混凝土喷射机主要优点有：

（1）大大降低了机旁和喷嘴外的粉尘浓度，消除对工人健康的危害。

（2）生产率高。干式混凝土喷射机工作量一般不超过5m^3/h；而使用湿式混凝土喷射机，人工作业时可达10m^3/h，采用机械手作业时则可达20m^3/h。

（3）回弹度低。干喷时，混凝土回弹度可达15%～50%。采用湿喷技术，回弹率可降低到10%以下。

（4）湿喷时，由于水灰比易于控制，混凝土水化程度高，故可大大改善喷射混凝土的品质，提高混凝土的匀质性；而干喷时，混凝土的水灰比是由喷射手根据经验及肉眼观察来调节的，混凝土的品质在很大程度上取决于机械手操作正确与否。

我国的湿喷机以中铁西南科学研究院研制生产的TK−961型混凝土湿喷机为代表。

喷射混凝土机械手：喷射混凝土时，由工人操持喷嘴进行喷射，因为喷嘴出口距岩面约1m，集料的反弹及喷射产生的粉尘对施喷人员产生极大的危害，加上生产率的大幅度提高，因喷射压力的增加而使反射力加大，工人的劳动强度更大，特别是采用湿喷时，因喷嘴及软管内充满混凝土而使其重量加重，考虑到工人的劳动安全性，不得不采用机械手来代替人工喷射（图4.1）。随着我国湿喷混凝土技术的不断提高及广泛应用，机械手的研究应用具有广阔的前景。

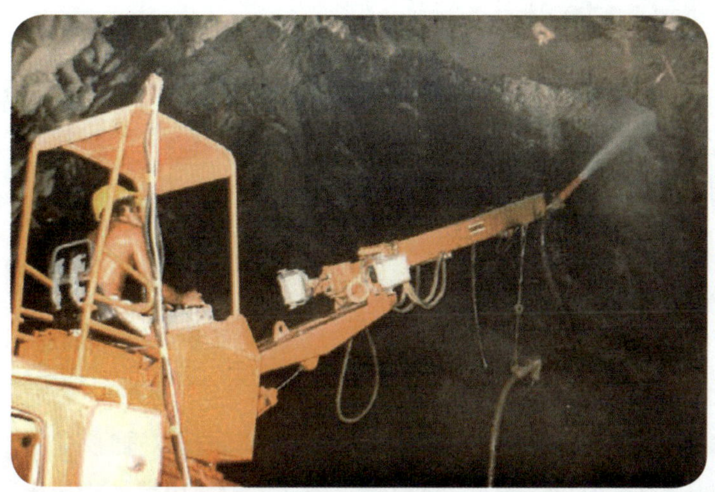

图4.1　工作中的喷射混凝土机械手

4.1　喷射混凝土

4.1.1　一般要求

（1）喷射混凝土宜采用湿喷工艺进行施工，液体速凝剂应采用环保无碱速凝剂。严禁采用干喷工艺。

（2）喷射混凝土细集料要求采用级配良好、质地坚硬、颗粒洁净、粒径小于4.75 mm的河砂或机制砂，其含泥量≤5.0%，严禁采用水洗砂；粗集料应采用坚硬耐久的碎石，最大粒径不应大于13.2 mm，其压碎值应≤16%，针片状颗粒含量≤25%，含泥量≤2.0%。

（3）软岩地段施工必须坚持“先支护（强支护）、后开挖（短进尺、弱爆破）、快封闭、勤量测”的施工原则，初期支护紧跟掌子面。Ⅱ、Ⅲ类围岩初期支护必须保证尽早封闭成环。

（4）硬岩地段施工开挖后及时初喷，复喷作业距离掌子面不得大于30m。

4.1.2 施工工艺

（1）喷射作业应分段、分片由下而上进行，每段长度不宜超过6m。

（2）一次喷射厚度应根据设计厚度和喷射部位确定，初喷厚度不小于4～6cm。首层喷混凝土时，要着重填平补齐，将小的凹坑喷圆顺。岩面有严重坑洼处采用锚杆吊模模喷混凝土处理。

（3）喷射作业应以适当厚度分层进行，后一层喷射应在前一层混凝土终凝后进行。若终凝后间隔1h以上且初喷表面已蒙上粉尘时，受喷面应用高压风水清洗干净。

（4）喷头距岩面距离宜为0.6～1.2m，与受喷面基本垂直，喷射料束与受喷面垂线成5°～15°夹角时最佳；喷射时，应使喷射料束呈螺旋形运动。

（5）受喷面设置喷射混凝土厚度标记，确保最小厚度满足设计要求。

（6）当局部出水量较大时采用埋管、凿槽、树枝状排水盲沟等措施，将水引导疏出后，再喷混凝土。

（7）钢架与壁面之间的间隙应用混凝土充填密实；喷射混凝土应由两侧拱脚向上对称喷射，并将钢架覆盖。

（8）拱脚基础喷射混凝土要密实，严禁悬空。

（9）喷混凝土终凝2h后，应喷水养护，养护时间不少于7d；气温低于＋5℃时，不得喷水养护。

4.1.3 质量要求

（1）喷混凝土应均匀密实，表面平顺光亮，无干斑或流滑现象。表面不平顺需补喷。施工过程可采用直尺进行平整度检查，如图4.2所示。良好的喷射混凝土平整度效果如图4.3所示。

（2）项目业主应委托有资质的专业检测单位对初期支护的混凝土强度、厚度、空洞情况进行检测，凡喷混凝土厚度不够的，施工单位应对取芯点20m范围内围岩自费进行补喷，强度不够的应进行返工处理。

图4.2　平整度检查

a)　　b)

图4.3　良好的Ⅲ级围岩喷射混凝土平整度效果图

4.1.4　常见质量问题

（1）钢架基础悬空而没有置于稳定的基础之上，这是施工过程中比较常见的质量问题，危害极大。不符合《公路隧道施工技术规范》（JTG F60—2009）8.5.4第1条“钢架必须放在牢固的基础上”的要求。此时应清除底脚下的虚渣及其他杂物，脚底超挖部分应用喷射混凝土填充，如图4.4所示。图4.5所示为错误做法。

（2）喷射混凝土与围岩不密贴。喷射混凝土支护是一种加固围岩、抑制围岩变形、利用和发挥围岩自承能力的衬砌形式，具有支护及时、柔性、紧贴

图4.4　钢架基础悬空的正确做法

a）

b）

图4.5　钢架基础悬空的错误做法

图4.6　喷射混凝土与围岩不密贴

围岩、与围岩共同变形等特点。由此可见，与围岩密贴是非常重要的。但施工过程中由于开挖成形不佳，钢架与围岩脱空严重，常出现喷射混凝土与围岩不密贴的严重质量问题。如图4.6所示，在纵向连接筋、钢筋网、钢架的阻挡下，喷射混凝土的密实性难以保证，特别是钢架背后，大部分集料回弹掉。

（3）严重的质量问题：喷射混凝土中掺加大量片石，虽然喷射混凝土覆盖表面平整，但对隧道结构构成严重危害（图4.7）。

a）

b）

图4.7 喷射混凝土掺加的大量片石

（4）不分层喷射，一次喷射成形。一次喷射成形的混凝土不密实，强度低（图4.8）。正确的分层喷射混凝土一次喷射厚度见表4.1。

图4.8 一次喷射成形后产生的危害

（5）喷射混凝土未养护。不符合《锚杆喷射混凝土支护技术规范》（GB 50086—2001）8.5.6的规定。

8.5.6 喷射混凝土养护应遵守下列规定：

①喷射混凝土终凝2h后，应喷水养护；养护时间，一般工程不得少于7d，重要工程不得少于14d。

②气温低于+5℃时，不得喷水养护。

正确分层喷射混凝土一次喷射厚度表（单位：mm） **表4.1**

喷射方法	部　位	掺速凝剂	不掺速凝剂
干喷	边墙	70～100	50～70
	拱部	50～60	30～40
湿喷	边墙	80～150	—
	拱部	60～100	—

（6）Ⅱ级、Ⅲ级围岩喷射混凝土厚度达不到设计厚度。喷射混凝土厚度不足5cm时，其作用削弱。当厚度不足时仅受嵌缝作用，对围岩的约束作用几乎为零。

（7）我国目前喷射混凝土施工中存在的其他问题：

①喷射混凝土施工及机械管理水平普遍不高。

②湿喷机的购置费用和液体速凝剂价格偏高，湿喷工艺和湿喷机具难以推广，使喷射混凝土质量和施工安全得不到保证。

③湿喷机具品种单一，配套性不强，难以形成支护机械化作业线。

④大多数喷射混凝土施工仍以干喷或潮喷为主，采用半机械化作业方式，即采用人工给喷射机上料和人工抱喷头进行喷射混凝土作业，这种喷射方式回弹率高、粉尘大，而且影响施工质量、施工进度及工人身体健康。

⑤鉴于机械手或机器人价格昂贵，目前国内不可能普遍配备，喷射混凝土自动化程度不高。

4.2 锚杆施工

锚杆是隧道结构的重要组成部分，对隧道围岩具有悬吊、组合和拱效应三种加固作用，在公路隧道设计中应用较普遍。锚杆形式多样，经常使用的锚杆形式如图4.9～图4.12所示。

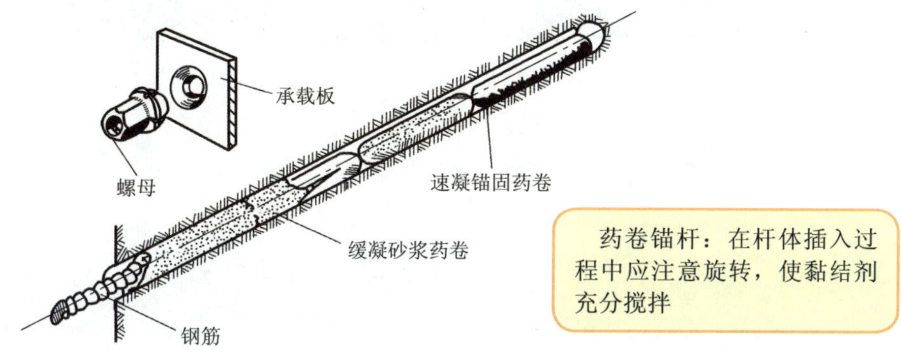

药卷锚杆：在杆体插入过程中应注意旋转，使黏结剂充分搅拌

图4.9　药卷锚杆

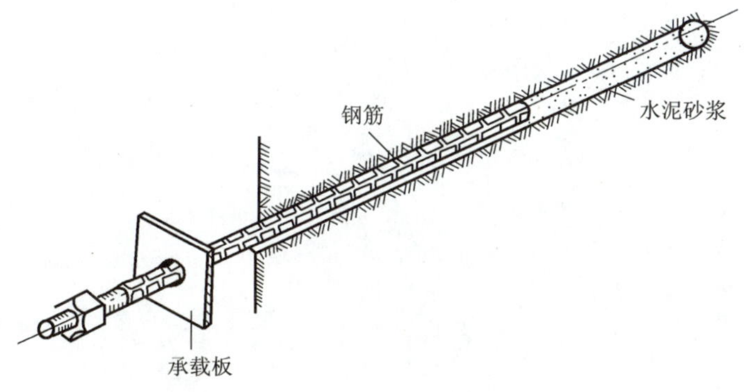

图4.10　普通砂浆锚杆

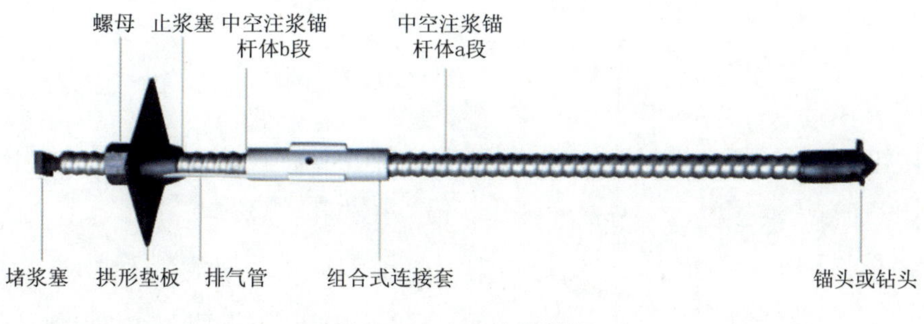

图4.11　中空注浆锚杆

图4.12 自钻式锚杆

中空组合式锚杆是在普通中空注浆基础上发展起来的组合式锚杆系列（图4.13）。它充分考虑到普通中空注浆锚杆和其他类型锚杆的优缺点，解决了中空锚杆的排气、注浆和孔中定位问题。在Ⅴ级围岩及其加强段中应用较多。

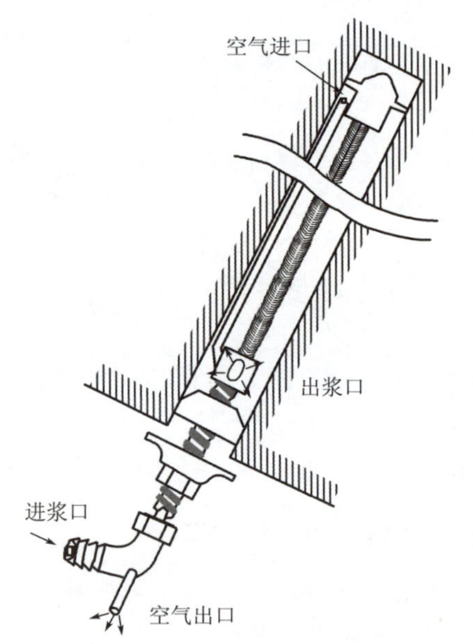

图4.13 中空组合式锚杆

中空组合式锚杆由螺母、垫板、止浆塞、中空锚杆杆体、注浆通道、出浆通道、排气通道、连接段、实心锚杆杆体、锚头和锚孔组成。

锚杆设计和施工应遵守《锚杆喷射混凝土支护技术规范》（GB 50086—2001）、《公路隧道设计规范》（JTG D70—2004）和《公路隧道施工技术规范》（JTG F60—2009）。锚杆杆体直径宜为20～32mm，杆体材料宜采用HRB400、HRB500钢。锚杆杆头应设置垫板并施加预应力，锚杆垫板尺寸一般为120mm（长）×120mm（宽）×6mm（厚），垫板材料宜采用Q235钢。锚杆的施工流程见图4.14。

图4.14 锚杆施工流程图

a）钻孔：手持式凿岩机凿岩孔清孔；b）安装锚杆：将带有锚头的中空锚杆插入锚孔并安装止浆塞、垫板，旋紧螺母；c）连接注浆机：注浆接头将锚杆尾端与注浆机连接；d）注浆：注浆机注浆，达到设计压力

4.2.1 锚杆施工质量控制

（1）为保证拱部锚杆的施作质量，要求对拱部锚杆采用**专门锚杆机进行施作**，锚杆机性能必须适合硬岩条件下的钻孔要求（图4.15、图4.16）。

图4.15 锚杆机

图4.16 拱部锚杆作业

（2）锚杆安设后其填充砂浆终凝后应立即安装托板，当锚杆不垂直岩面时可用垫片调整，垫板密贴岩面，锚杆安装后外露长度不得超过100mm。垫板尺寸宜为120mm×120mm×6mm，拧紧螺帽。

（3）标注孔位：锚杆施作位置用红漆进行标识（图4.17）。采用专用机械成孔打入，用一般风动凿岩机时应配备专用冲击器。孔向应与主结构面呈最大角度。

图4.17　标注孔位

（4）隧道现场监理工程师应准备专用的锚杆验收记录本。对每次锚杆的检查验收，应详细注明锚杆施作的里程桩号、围岩等级、锚杆施作情况、设计数量、实做数量。每期锚杆计量必须附隧道现场监理工程师签认的锚杆验收记录复印件。

（5）对中空锚杆注浆时，监理应旁站记录，严禁有未注浆行为。

（6）锚杆孔内灌注的砂浆应饱满密实，砂浆或水泥浆内可添加适量的微膨胀剂和速凝剂。

（7）杆体插入锚杆孔时，应保持位置基本居中，插入深度应满足设计、规范要求。良好的锚杆施工质量如图4.18所示。

4.2.2　锚杆施工常见的质量问题

（1）锚杆长度不满足设计要求。下料长度不够时，应在下料时逐根检查长度是否符合要求（图4.19）。同时也应满足《公路工程质量检验评定标准》（JTG F80/1—2004）的要求。

图4.18 良好的锚杆施工质量图例

图4.19 检查锚杆长度

（2）注浆不饱满，锚孔无浆液痕迹。这种现象在隧道拱部更突出，如图4.20所示。

（3）锚杆外露长度不符合要求：锚杆入孔长度不足（图4.21）。

（4）锚杆无垫板或形同虚设（图4.22）。

（5）数量不足、安装方向不符合设计要求。

综上所述，公路隧道锚杆施工存在的质量问题较多，亟须引进或开发锚杆施工机械，发展锚杆注浆饱满度、锚杆长度无损检测设备。

a）

b）

图4.20 锚孔注浆不饱满

a） b）

图4.21 锚杆外露长度不符合要求

图4.22 锚杆无垫板

4.3 钢筋网

钢筋网的作用是提高喷射混凝土抗裂性能、抗剪强度和韧性，使喷射混凝土更好地发挥柔性支护特性。常用的钢筋网规格为ϕ6.5和ϕ8两种，网格尺寸一般为15cm×15cm～20cm×20cm。

4.3.1 施工质量控制

（1）钢筋网宜在岩面喷射一层4～5cm厚混凝土后，随受喷面起伏铺设，并在锚杆安设后进行（图4.23、图4.24）。

（2）采用双层钢筋网时，第二层钢筋网应在第一层钢筋网被喷射混凝土覆盖后铺设，两层钢筋网之间的间距不得小于6cm（图4.25）。

（3）钢筋网应与锚杆或其他固定装置连接牢固，在喷射混凝土时不得晃动。

（4）钢筋网的搭接：钢筋网的搭接长度不得小于30*d*（*d*为钢筋直径），并不得小于一个网格长边尺寸。

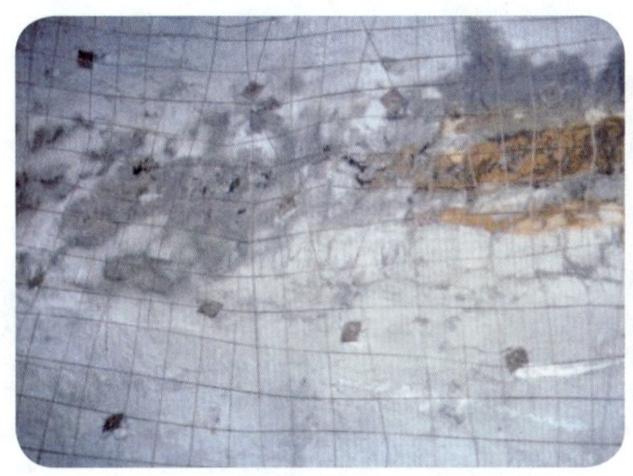

图4.23　喷射混凝土后挂网

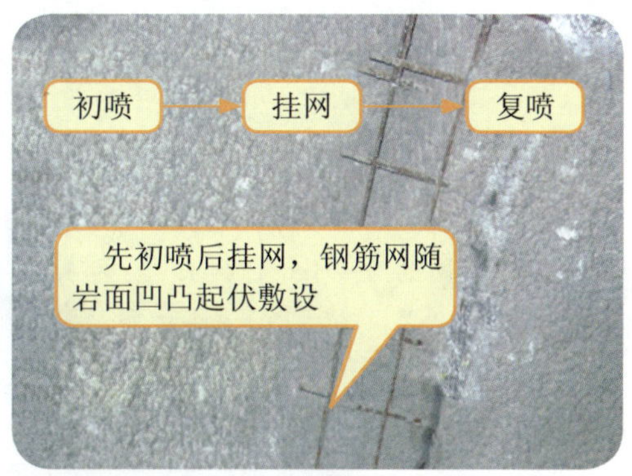

图4.24　钢筋网随岩面凹凸起伏敷设

图4.25　双层钢筋分开铺设

4.3.2　常见的质量问题

在铺设钢筋网时常见的质量问题是使用钢筋网片。

加工成形的钢筋网片由于铺设容易，在施工现场经常见到。但由于其焊成钢筋网片后，钢筋网沿铺设面铺设比较困难，网片与网片之间搭接常达不到规范要求，故不能使用（图4.26～图4.28）。

图4.26　钢筋网片

a）

b）

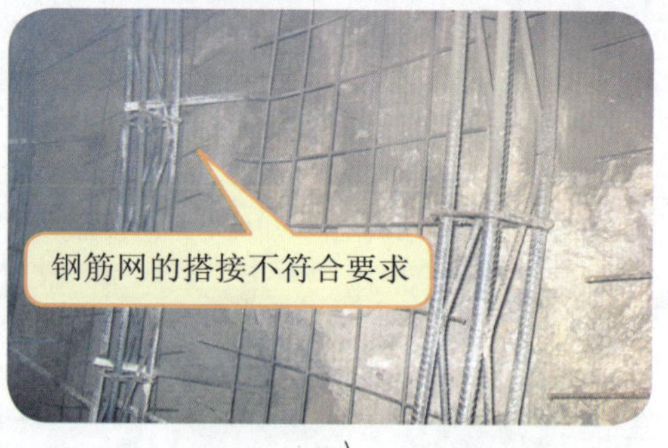

c）

图4.27　钢筋网搭接不符合要求

图4.28　双层钢筋网的铺设不符合要求

4.4 钢架制作和安装

4.4.1 钢架制作要求

（1）现场加工制作。按1：1胎模热弯制成，见图4.29。

（2）拱架接头钢板必须采用机械钻孔，孔口用砂轮机清除毛刺和钢渣（图4.30、图4.31）。

图4.29　热弯制作钢架

图4.30　采用机械钻孔

图4.31　采用砂轮机清除毛刺和钢渣

（3）严禁采用气割冲孔。隧道钢格栅法兰接头的气割钢渣未作消除处理，严重影响接头的连接质量（图4.32）。

图4.32　气割冲孔的错误做法

4.4.2　钢架连接

（1）工字钢的连接方式：工字钢通过连接钢板和高强螺栓进行连接，见图4.33。

（2）钢格栅的连接方式：采用A3角钢通过4个M20螺栓进行连接，见图4.34。同时钢格栅之间用ϕ22纵向连接筋焊接牢固。

图4.33　工字钢的连接方式

图4.34　钢格栅的连接方式

4.4.3 钢架安装

（1）钢架在初喷混凝土后安装，与围岩应尽量密贴。

（2）**钢架安装应确保两侧拱脚必须放在牢固的基础上**（图4.35）。安装前应将底脚处浮渣彻底清除干净；拱脚高程不足时，不得用土、石回填，而应设置钢板进行调整，必要时可用混凝土加固基底；拱脚高度应低于上半断面底线15～20cm，当拱脚处围岩承载力不够时，应向围岩方向加大拱脚接触面积。安装钢架时的错误做法如图4.36所示。

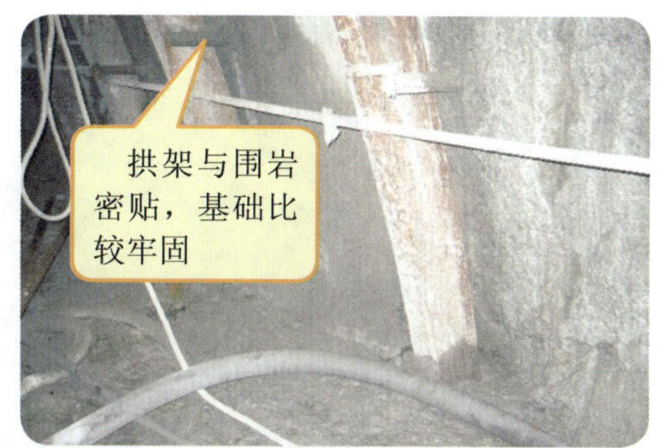

图4.35　钢架拱脚牢固置于基础上

a）

b）

c）

d）

图4.36　安装钢架时的错误做法

（3）钢架应严格按设计架设，间距必须符合设计要求，拱架安装位置采用红油漆进行标注，并编写号码（图4.37）。

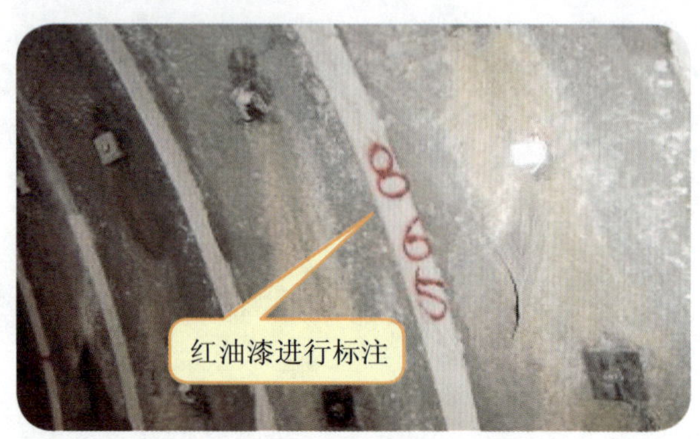

图4.37　标注安装位置并编写号码

（4）钢架立起后，根据中线、水平将其校正到正确位置，然后用定位筋固定，并用纵向连接筋将其和相邻钢架连接牢靠。

（5）钢架与壁面间用钢楔或混凝土垫块楔紧，严禁采用片石回填。

（6）下导坑开挖时，正洞与车行横洞、人行横洞交叉口位置应按设计要求进行支护，于交叉口上方设置横梁，以确保安全，见图4.38。

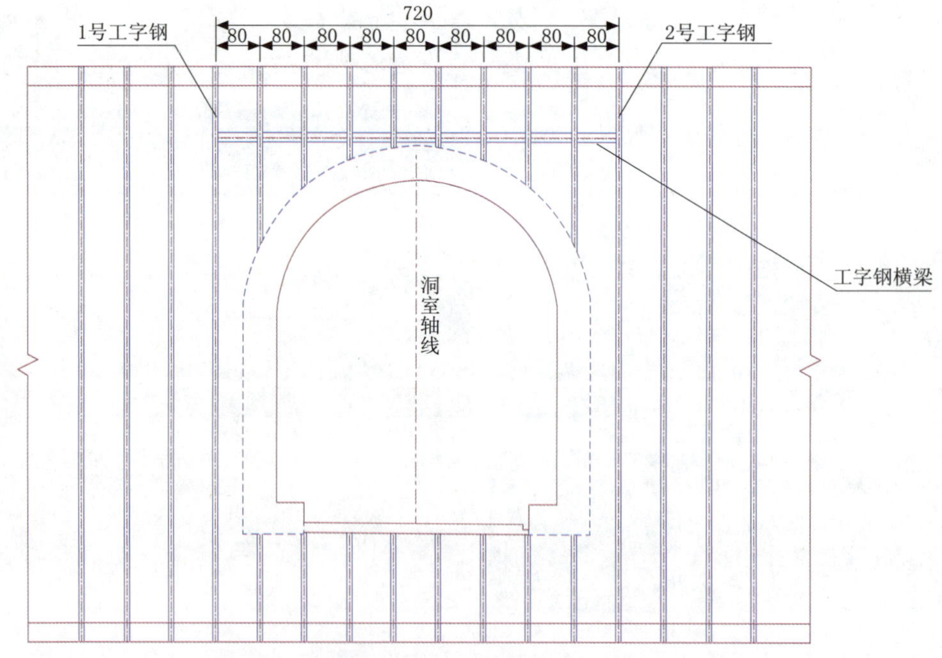

图4.38　预留洞室钢支撑（尺寸单位：cm）

4.4.4 常见的质量问题

（1）钢架间距疏密不均，大小不一（图4.39）。

（2）规范要求：钢架应垂直隧道中线，竖向不倾斜，平面不错位、不扭曲。上下左右允许偏差为±50mm，钢架倾斜度应小于2°。钢拱架偏移、倾斜及工字钢错误连接如图4.40所示。

图4.39 钢架间距疏密不均

钢拱架偏移、倾斜

a）

工字钢错误连接

b）

c）

图4.40 钢架错误连接方式

（3）钢架连接方法错误，没有按设计和规范要求进行连接（图4.41）。规范要求：连接钢板平面应与钢架轴线垂直，两块连接钢板间采用螺栓和焊接连接，螺栓不应少于4颗。

（4）初期支护下部施工纵向长度应严格控制，一般情况下宜控制在2～3m（图4.42），洞口浅埋段宜控制在1.5～2m，架立工字钢后应及时喷射混凝土封闭，不得长期暴露（图4.43）。

a）

b）

图4.41　钢架焊接连接错误

图4.42　一次开挖宜控制在2~3榀钢

图4.43　一次开挖暴露长度过大

（5）型钢支撑应置于稳定的基础之上。如图4.44所示，下台阶开挖时预留马口台阶太小，型钢基础不稳。

（6）规范要求：钢架与围岩之间的间隙应用喷射混凝土充填密实。如图4.45箭头所示，钢架与围岩之间存在空洞。初期支护从外面看上去平整，而背后存在空洞。此种情况下发生塌方更具突然性，危害很大。初期支护与围岩之间的空隙如图4.46所示。

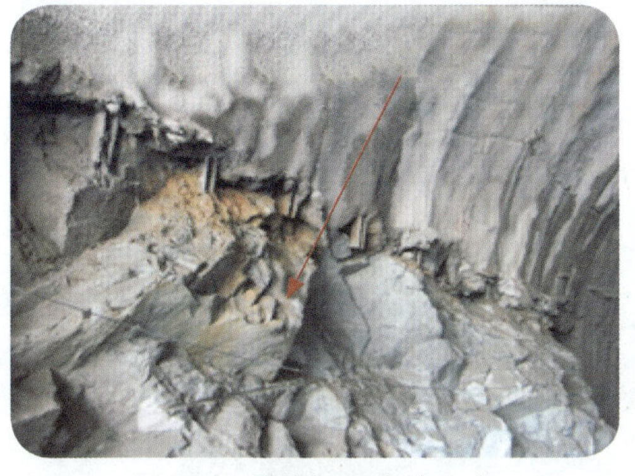

图4.44　预留马口台阶太小

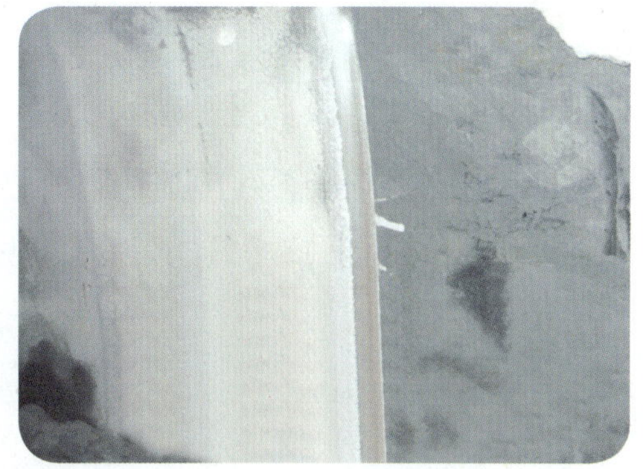

图4.45　钢架与围岩间存在空洞

a）

b）

c）

d）

图4.46　初期支护与围岩之间的空隙

4.5 小导管预注浆

（1）超前支护所用钢管等各项材料规格、型号、尺寸等应符合设计及规范要求。布设范围、间距、外插角、外露长度以及数量应满足设计要求（图4.47）。

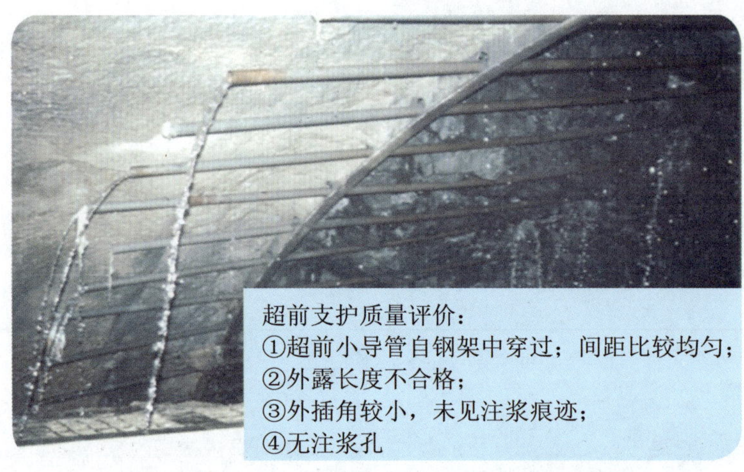

图4.47 超前支护小导管的布设

（2）钻孔、安装小导管后，管口用麻丝和锚固剂封堵钢管与孔壁间空隙，管口安装封头和孔口阀（图4.48）。

图4.48 管口安装孔口阀

（3）注浆前，应对开挖面及5m范围内的坑道喷射厚为5～10cm混凝土或用模筑混凝土封闭，以防止注浆作业时，发生孔口跑浆现象。

（4）注浆按由下至上的顺序施工，浆液先稀后浓，注浆量先大后小。

（5）结束标准：以终压控制为主，校核注浆量。当注浆压力为0.7～1.0MPa时，持续15min即可终止注浆。

（6）对小导管注浆要有旁站记录，记录内容包括：施作里程范围、小导管根数、长度、最大单根注浆量、最小单根注浆量、总注浆量、注浆控制压力（注浆量以使用水泥袋数或公斤为单位）。同时，对小导管、管棚的安装和注浆必须要有影像资料。严禁存在未注浆行为。

（7）和钢架联合支护时，确保连接良好。

（8）注浆后至开挖的时间间隔，应视浆液种类决定。当采用单液水泥浆时，开挖时间为注浆后8h，采用水泥—水玻璃浆液时为4h左右。

5 隧道防排水

5.1 防水材料质量要求

（1）为确保隧道运营期间有良好的防水效果，公路隧道防水卷材不得使用复合片（不包括点粘片），要求采用均质片加无纺土工布的防水层结构形式或者直接采用点粘片。

（2）均质片、点粘片的母材厚度（不包含无纺土工布）不小于1.2mm；无纺土工布规格不低于300g/m^2。

（3）对第一次进场的防水卷材，厂家必须提供合格的检验证书。采用均质片或点粘片的防水板性能必须符合《高分子防水材料 第1部分：片材》（GB 18173.1—2012）标准，无纺土工布性能必须符合《土工合成材料短纤针刺非织造土工布》（GB/T 17638—1998）标准。防水板、无纺土工布必须分别单独检测，其规格、材质指标必须同时符合设计要求。

（4）由于隧道存在基面凹凸不平的特殊性，对隧道防水卷材的指标要求高于其他工程，选材时应优先选择物理性能指标高的防水卷材。

（5）应加强防水板、土工布、止水带、排水盲沟、PVC排水管等特殊材料的现场随机抽检。送检的检验项目应符合相关规范的要求。

5.2 防水板施工

（1）防水板幅宽宜为2～4m，铺设宜采用专用台架铺挂。铺设前应检查是否存在欠挖，进行准确放样，画出标准线后试铺，确定防水板每环的尺寸，并尽量减少接头。

（2）防水板铺挂不得损伤防水板，应无钉铺设，并留有余量，松紧适度。

防水板与初期支护应密贴。防水板的挂点应采用木钉，以防刺破防水板（图5.1）。木钉的密度在拱部为0.5～0.7m，在侧墙为1.0～1.2m，基面凹凸不平时应进行必要的处理，并适当加密。射钉形状见图5.2。

图5.1　防水板木钉特点

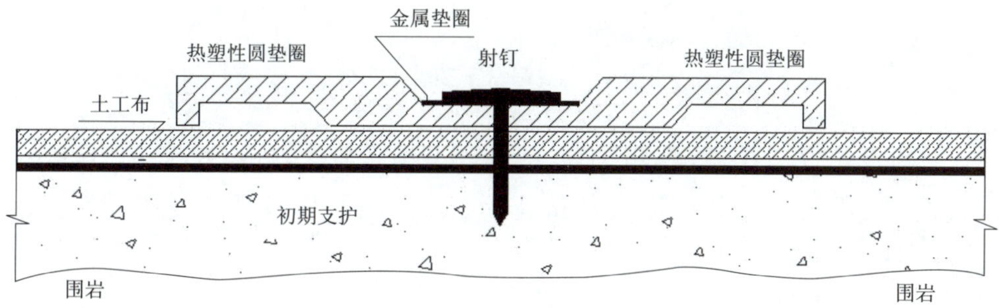

图5.2　射钉结构示意图

（3）防水板铺挂前应认真进行基面处理，严格执行检查验收制度；对超挖较大的部位必须挂网喷锚。

（4）基面明水应提前设盲管引排；对于洞顶的大面积渗水，可用防水板集中引排到临时排水边沟。围岩引水孔大样图如图5.3所示。

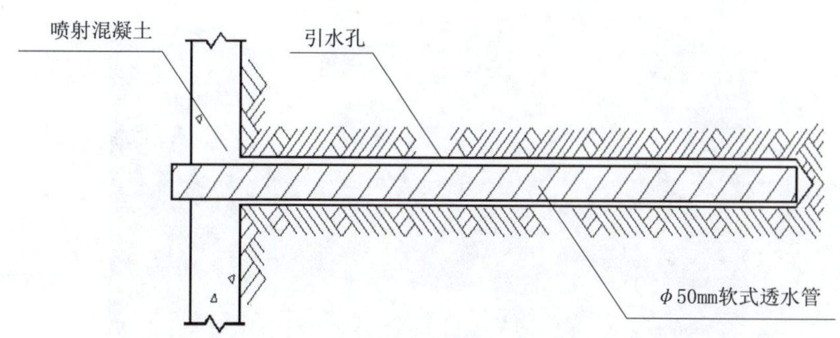

图5.3　围岩引水孔大样图

（5）采用简易台车进行防水板挂设（图5.4）。防水板铺挂应松紧适度，松弛率环向一般按10%控制，纵向按6%控制，并根据初喷面的平整度适当进行调整，以保证灌注混凝土时板面与喷混凝土面能密贴。

图5.4　用简易台车挂设防水板

（6）防水板必须采用双缝焊接，搭接宽度不得小于10cm（图5.5、图5.6）；焊缝强度应不低于母材，通过抽样试验检测。防水板焊缝采用“气密性检验法”检查。

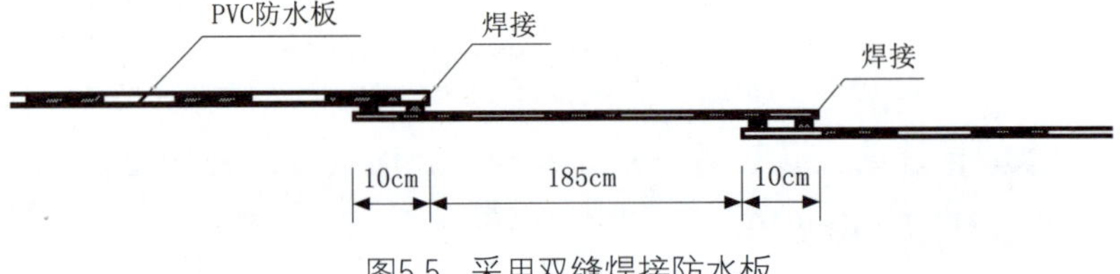

图5.5　采用双缝焊接防水板

图5.6　防水板双缝焊接

5.3 止水带

（1）止水带尺寸、规格和性能指标应符合《高分子防水材料 第2部分：止水带》（GB 18173.2—2000）的规定，宽度不宜小于30cm。应尽量减少接头，宜根据工程结构、设计图纸计算好产品长度向厂家定制（图5.7）。

图5.7 止水带

（2）安装止水带时，定位应准确，用钢筋卡固定牢靠，注意将其设在二次衬砌厚度的中间，并且使止水带的中线位于二次衬砌的施工缝上，不得有较大偏位，对止水带的定位钢筋应认真设置，固定止水带的钢筋卡间距不宜超过50cm（图5.8）。

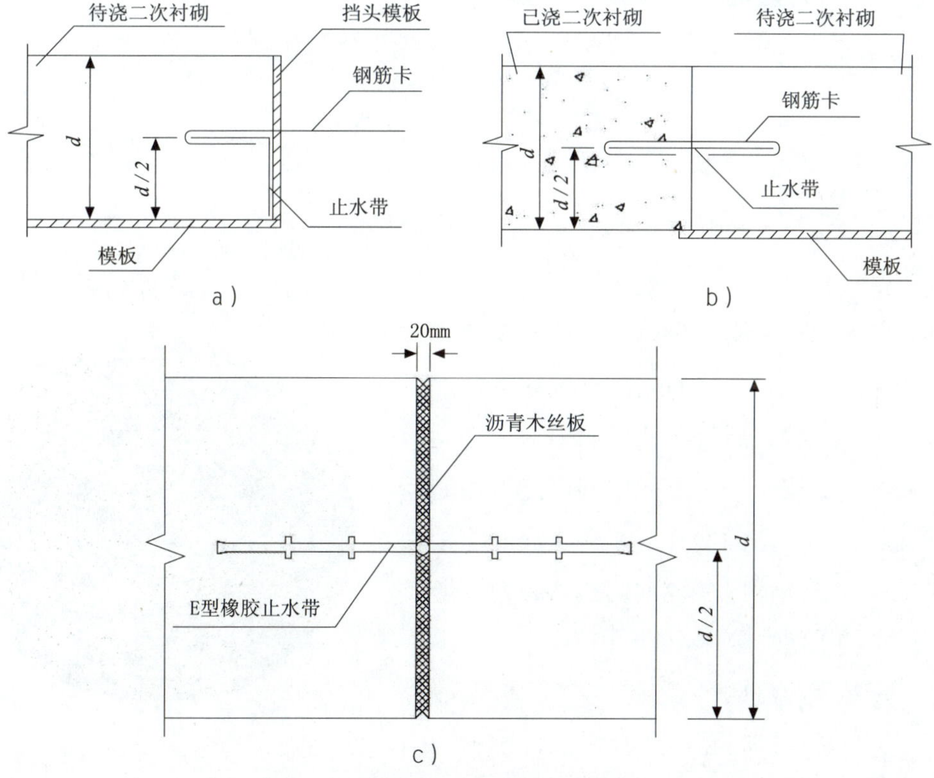

图5.8 隧道沉降缝止水带施工示意图

《地下工程防水技术规范》（GB 50108—2008）规定：

（1）缝内两侧应平整、清洁、无渗水。

（2）缝内应设置与嵌缝材料无黏结力的背衬材料。

（3）嵌缝应密实。

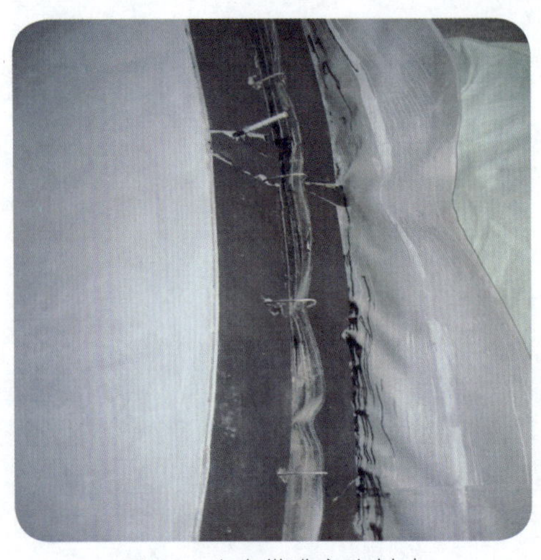

图5.9　止水带遭穿孔刺破

（4）止水带的接头每环不宜多于一处，不得设在结构转角处。

（5）止水带在转弯处应做成圆弧形，橡胶止水带的转角半径不应小于200mm，钢片止水带不应小于300mm，且转角半径应随止水带的宽度增大而相应加大。

（6）不得在止水带上穿孔打洞固定止水带。止水带不得被钉子、钢筋和石子等刺破（图5.9）。

5.4　止水条

止水条以遇水膨胀橡胶止水条为主，是一种特种橡胶，通过无机吸水材料、高黏性树脂等十余种材料经密炼、混炼、挤至而成。依靠其自身的黏性直接粘贴预置在混凝土施工缝、后浇缝的界面上。该产品遇水后会逐渐膨胀，一方面堵塞可能存在的毛细孔隙，另一方面使其与混凝土界面的接触更加紧密，从而产生较大的抗水压力，形成不透水的可塑性胶体（图5.10）。

图5.10　止水条

止水条的特点：

膨胀倍率高，移动补充性强，置于施工缝、后浇缝后具有较强的平衡自愈功能，可自行封堵因沉降而出现的新的微小缝隙。

遇水膨胀橡胶按工艺可分为制品型（PZ）和腻子型（PN）。遇水膨胀橡胶按下列顺序标记：类型、体积膨胀倍率、规格（宽度×厚度）。例如，宽度为30mm、厚度为20mm的制品型膨胀橡胶，体积膨胀倍率≥400%，标记为：PZ−400型30mm×20mm。

注意：止水条在地下水比较多的情况下不宜采用。如果要用，需采用缓膨型膨胀橡胶止水条。

止水条在安装时应满足以下质量要求：

（1）止水条的断面尺寸、规格、性能指标应符合《高分子防水材料 第3部分：遇水膨胀橡胶》（GB/T 18173.3—2002）的规定（图5.11）。

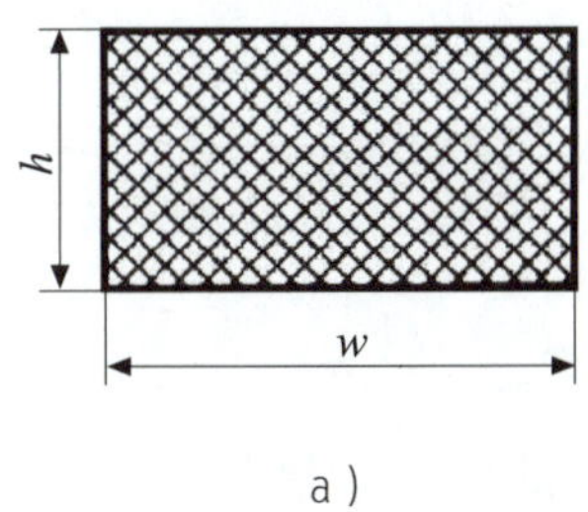

a）

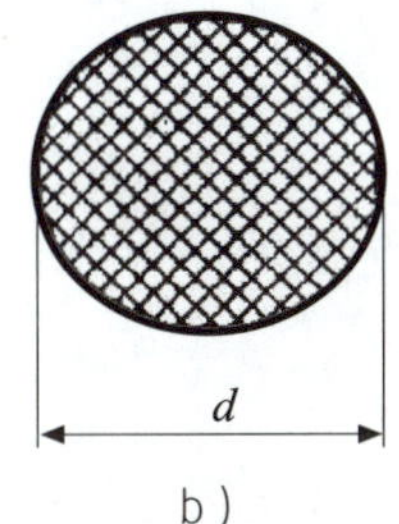

b）

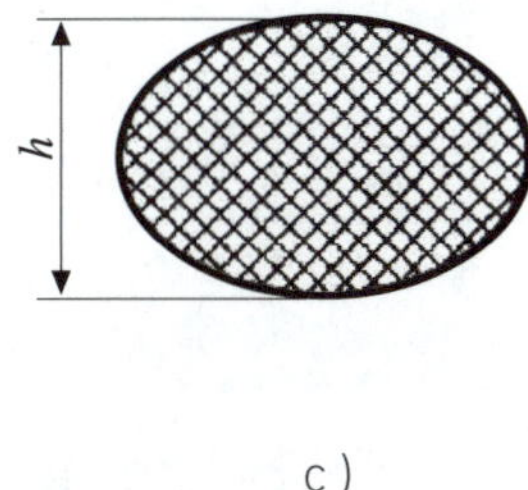

c）

图5.11　止水条断面图

（2）在先浇混凝土中需预留止水条安放槽（可在模板中钉木条预留）。拆除先浇混凝土模板后，清除表面，使缝面无水、干净、无杂物。将止水条嵌入预留槽内。如不预留槽，对垂直缝可加用黏结剂全长粘贴；对水平缝可直接粘贴于混凝土表面（图5.12）。

图5.12　止水条施工案例

（3）止水条粘贴以后应尽快浇注混凝土，因此，应掌握止水条的安装时机，在浇注下一环混凝土前安装。

（4）安装粘贴过程中，应防止止水条受污染和遇水，以免影响使用效果。

（5）《高分子防水材料 第3部分：遇水膨胀橡胶》（GB/T 18173.3—2002）规定：

①接头处不得留断点，搭接长度应不小于50mm（图5.13）。

②止水条定位后至浇注下一段混凝土前，应避免被水浸泡。

③振捣混凝土时，振捣棒不得接触止水条。

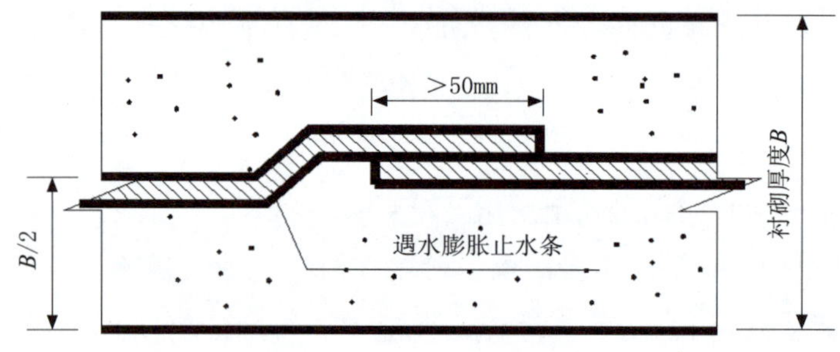

图5.13 止水条接头搭接长度

5.5 排水

公路隧道排水系统一般由环向盲管、纵向盲管、横向排水管、中心排水沟和路缘边沟组成（图5.14）。

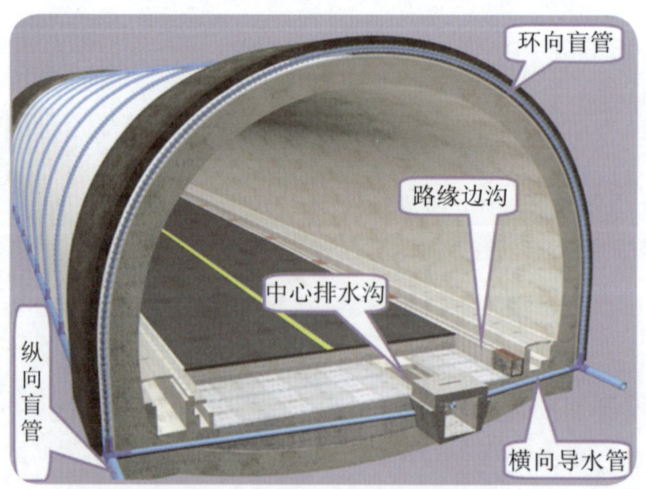

图5.14 公路隧道排水系统组成

（1）应按照设计间距设置洞内环向盲沟，水量较大地段适当加密。环向盲沟的底部应设“三通”与墙脚纵向排水管相连（图5.15）。纵向排水管与横向排水管之间应采用三通连接（图5.16）。

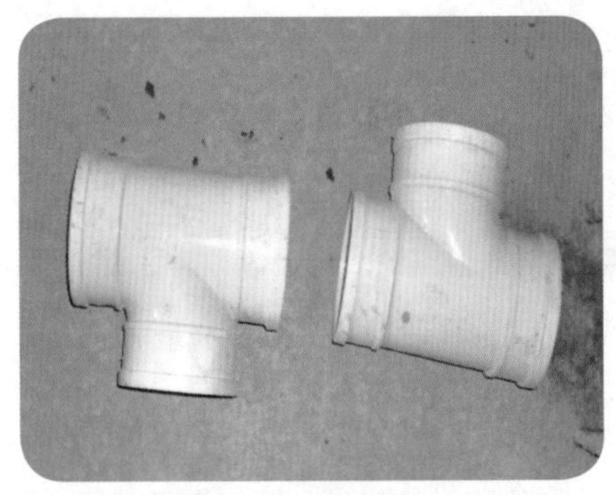

图5.15　三通接头

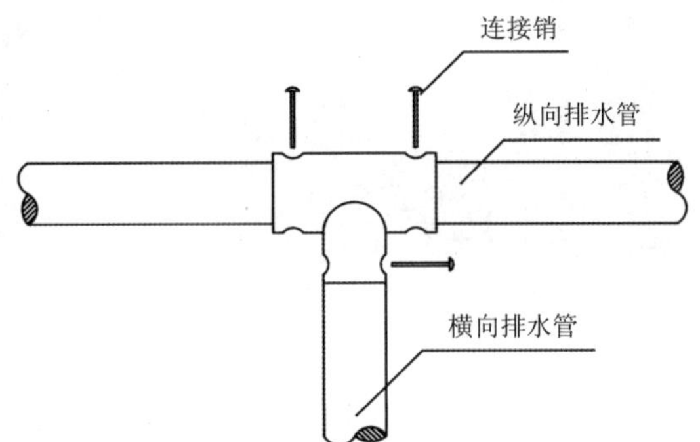

图5.16　纵向排水管与横向排水管连接图

（2）墙脚纵、横向排水管：纵向排水管与三通接头连接后，要用土工布进行包裹，见图5.17。

（3）用防水板将纵向排水管进行反包，并在防水板上剪一圆孔，将三通接头的出水口穿过该孔，见图5.18。要做好纵向排水管的高程控制，确保排水通畅。

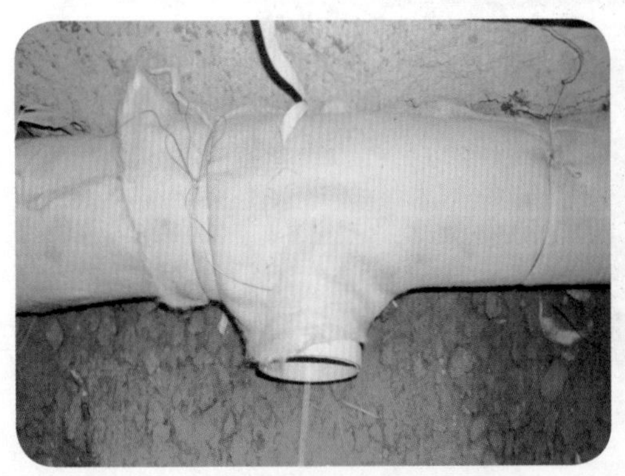

图5.17　土工布包裹三通接头连接处

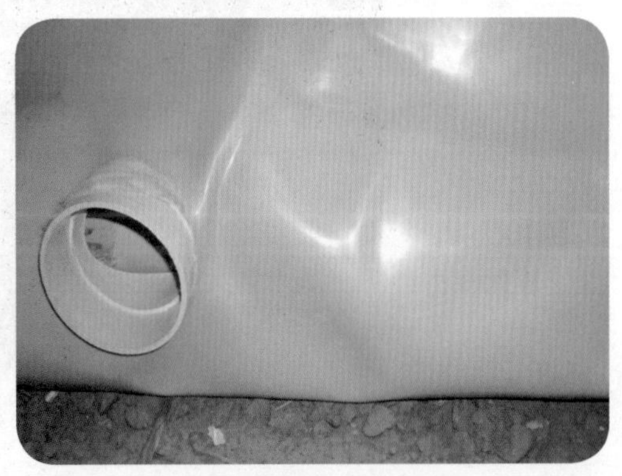

图5.18　三通接头出水口穿过防水板孔

（4）将横向排水管与三通接头的出水口相连，横向排水管的出水口直通隧道排水边沟或中央排水沟，见图5.19。

（5）墙脚的横向排水管要及时、有效地将衬砌背后的水排入边沟，施工过程要经常检查，防止堵塞，确保排水系统通畅，见图5.20。

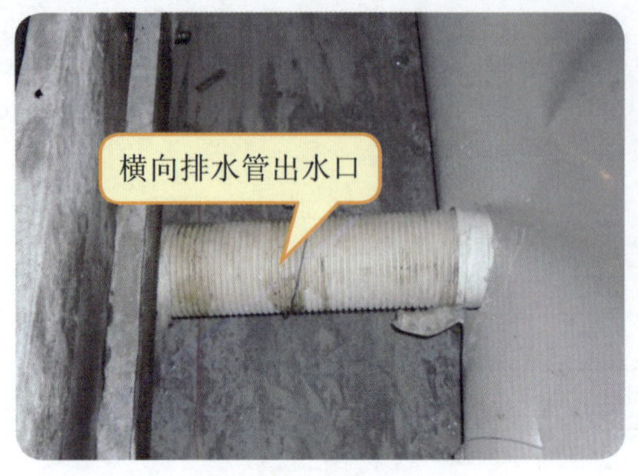

图5.19　横向排水管出水口的连接

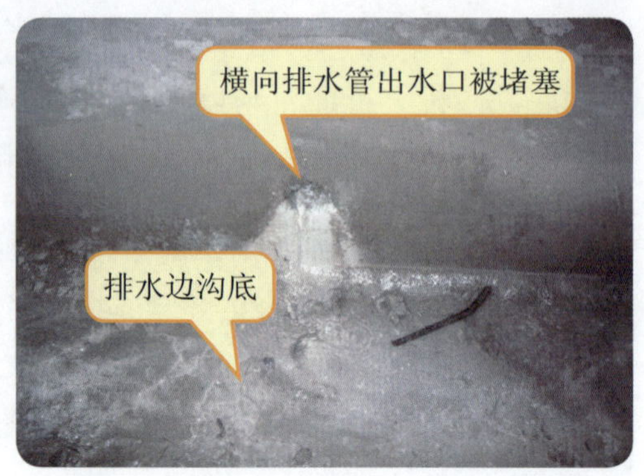

图5.20　横向排水管出水口排水通畅

（6）加强成品保护工作，开挖和衬砌作业时不得损坏防水层，特别是防止电焊烧伤或爆破飞石砸破防水板，当发现层面有损坏时应及时修补；防水层在下一阶段施工前，连接部分不得弄脏和破损。浇注混凝土前应复查防水层是否有破损，排水管是否连接良好、是否存在堵塞。

（7）隧道排水边沟：排水边沟的几何尺寸和沟底纵坡要严格按设计施工，以使洞内水顺利排出，见图5.21。

图5.21　隧道排水边沟

5.6　施工防排水

（1）开挖临时排水沟：在隧道的掘进过程中，临时排水边沟要紧跟掌子面，对渗水量大的隧道，还要求沿隧道两侧和掌子面开挖U形临时排水边沟，以尽快疏干掌子面的积水，方便车辆和人员的出入（图5.22）。临时排水边沟不宜设在软弱围岩边墙基础部位。

图5.22 开挖临时排水沟

（2）对于反坡排水的隧道，应在掌子面设置临时集水坑，并每隔200m设置集水坑，通过抽水机逐级抽排至洞口，见图5.23、图5.24。

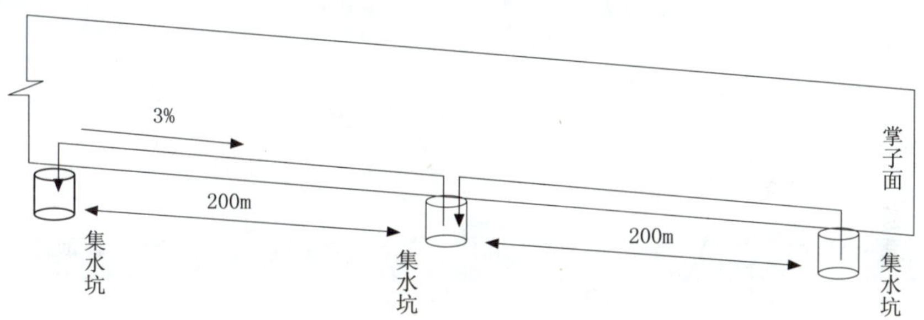

图5.23 集水坑设计断面图

图5.24 集水坑现场布置图

6 仰拱与铺底

6.1 仰拱与铺底流程

仰拱与铺底的施工工序流程见图6.1、图6.2。

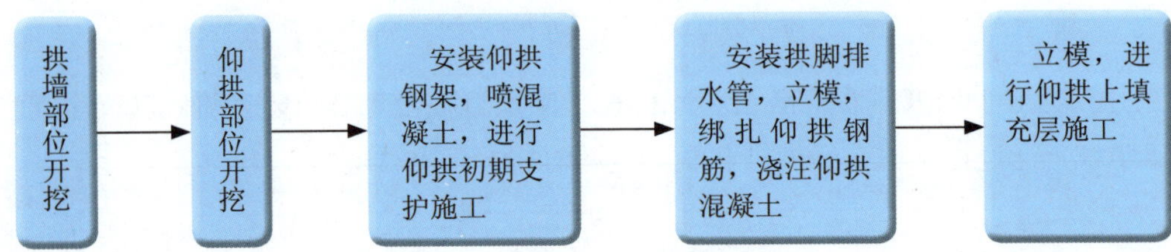

图6.1 仰拱施工工序流程图

图6.2 铺底施工工序流程图

6.2 一般要求

（1）隧道设有仰拱时，应及时组织施工，确保支护结构尽快闭合成环，以达到改善围岩受力状况、控制围岩变形、保障施工安全的目的。不设置仰拱的地段也应及时铺底，以达到改善隧道内车辆行驶状况和施工环境的目的（图6.3）。

（2）二次衬砌与铺底距离宜保持30m左右，以利于衬砌台车模筑混凝土施工，铺底与掌子面距离不宜超过60m。

图6.3 整平层紧跟掌子面

（3）铺底可以分次浇注，但接缝应平顺且做好防水处理。仰拱宜整断面一次成型浇注，不宜左右半幅分次浇注。对于采用双侧壁导坑或者单侧壁导坑开挖的段落，侧壁导坑闭合成环并施作仰拱后，才能进行下一步的开挖。

（4）仰拱、铺底施工时，应按照设计图纸和隧道基底水量埋设路面下横向盲沟、纵向排水管等排水设施。仰拱的施工缝应与二次衬砌的变形缝设置在同一位置。

（5）洞口浅埋段的仰拱应尽快闭合成环，且一次开挖进尺不宜过大。

（6）仰拱施工过程中应能保证洞内施工交通畅通。可以采用搭设栈桥的方法设置临时车辆通行平台，确保不影响施工车辆通行（图6.4）。

图6.4 隧道内搭设栈桥

（7）隧道仰拱超挖在允许范围内，应采用与衬砌材料同等强度的模筑混凝土回填；应对超挖过大的坑穴，用C20片石混凝土回填密实，不得随意使用洞渣回填。隧道仰拱的开挖严禁侵入仰拱设计外轮廓。

（8）铺底混凝土的强度和厚度应满足设计和规范要求，避免施工车辆反复碾压造成破损。

（9）仰拱开挖应严格按已审批开挖方案进行，仰拱钢支撑的数量必须满足设计要求，与边墙拱架的牛腿要进行认真焊接，确保焊接质量，见图6.5。

图6.5 仰拱钢支撑连接端

（10）仰拱二次衬砌钢筋的绑扎必须要保证双层钢筋的层距和每层钢筋的间距符合要求，层距的定位一般通过焊接钢筋来确定，见图6.6。

图6.6 钢筋层距定位

（11）仰拱二次衬砌两侧边墙部位的预埋钢筋的弯曲弧度应与隧道断面设计

的弧度相符，伸出长度应满足和二次衬砌环向钢筋焊接的要求（搭接长度不小于1m），同时钢筋间距应均匀并满足设计要求，下层钢筋应设置垫块，见图6.7。

图6.7　预埋钢筋弯曲弧度与搭接长度的要求

（12）仰拱下设初期支护时，其喷射混凝土强度、厚度，钢架加工安装质量等应符合设计及规范要求。

6.3　施工要点

（1）仰拱土层开挖应以人工配合机械开挖为主，整幅开挖时纵向长度不超过5m。分幅开挖时纵向长度不宜超过10m（图6.8）。

图6.8　仰拱土层开挖

（2）隧道底两隅与侧墙连接处应平顺，避免引起应力集中。边墙钢架底部杂物应清理干净，保证与钢架连接良好。

（3）当遇变形较大的膨胀性围岩时，仰拱开挖前，底面与两隅应预先打设锚杆或采取其他加固措施后，再行开挖。

（4）仰拱土层开挖完成后，应及时进行支护和仰拱填充施工。

（5）仰拱钢架数量、间距等必须满足设计和规范要求，钢架与边墙的牛腿应认真焊接，确保焊接质量。

（6）仰拱钢筋的制作及安装应符合设计和规范要求。仰拱两侧二次衬砌边墙部位的预埋钢筋伸出长度应满足边墙钢筋焊接要求，且将接头错开，使同一截面的钢筋接头不多于50%。

（7）仰拱超挖在允许范围内时，应采用与衬砌相同强度等级的混凝土进行浇注，超挖大于规定时，应按设计和规范要求进行回填，不得用洞渣回填，严禁片石侵入衬砌断面。

（8）仰拱填充采用片石混凝土时，片石应距模板50mm以上，分层摆放，捣鼓密实。

（9）仰拱模筑混凝土应关模施工，确保成形良好（图6.9）。不关模可能造成振捣不密实。

a）

b）

图6.9　仰拱混凝土关模施工

6.4 常见的质量问题

（1）仰拱一次开挖距离过长，开挖后不及时施作仰拱部位的支护。

（2）仰拱混凝土不密实，振捣不符合要求。

（3）仰拱浇注没有安设模板，不成形，仰拱回填时片石含量超过设计和规范要求。

（4）仰拱施工不及时，不符合结构早闭合要求。仰拱施工常见质量问题见图6.10。

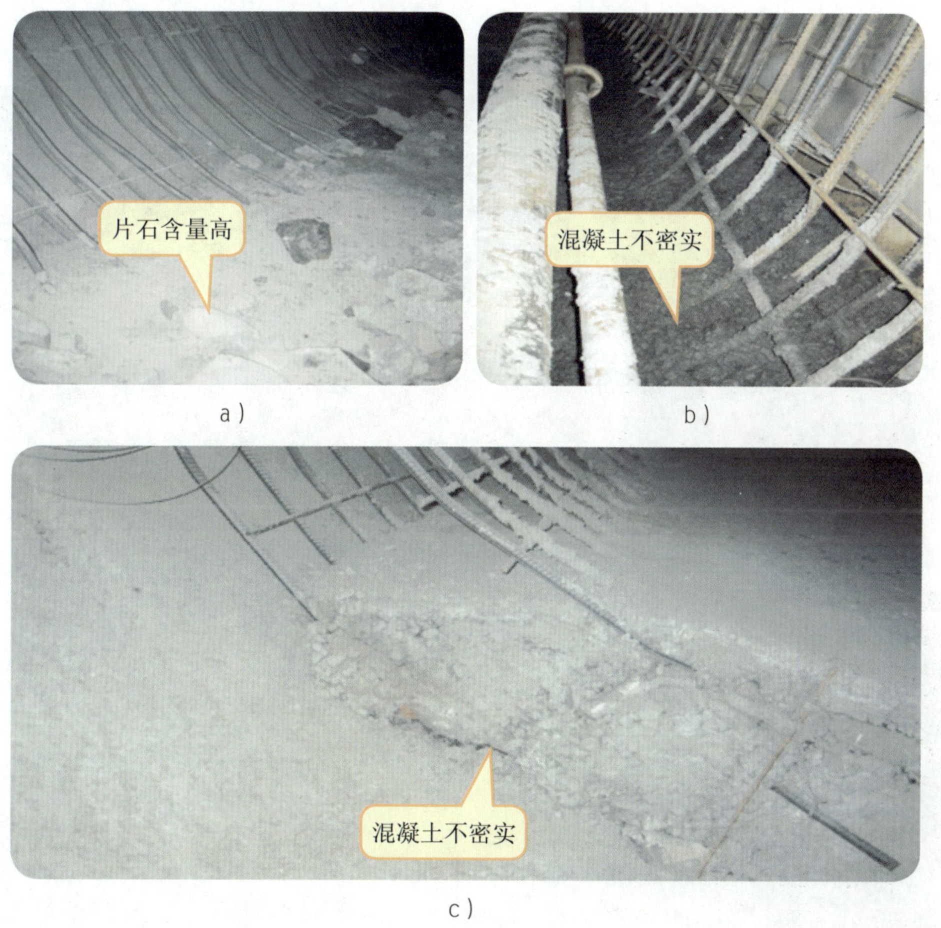

a） b）

c）

图6.10 仰拱施工常见质量问题

7 二次衬砌

7.1 矮边墙施工

（1）矮边墙顶面高程按台车侧模底部高程确定；施工时按规范预埋连接钢筋或榫石，并对二次混凝土接触面进行凿毛，在围岩变化处设置好沉降缝；二次衬砌混凝土浇筑前用水将其表面湿润，清除杂物。边墙模板采用一次成形的弧形钢模，见图7.1。

a）

b）

图7.1 一次成形弧形钢模

图7.2 增加矮边墙模板

（2）如二次衬砌与矮边墙同时浇筑（推荐使用），要求二次衬砌台车下增加矮边墙模板，见图7.2。

（3）注意按设计布设纵向透水盲管，纵向透水盲管与横向导水管通过三通接头连接。

（4）对设计有二次衬砌钢筋的段落，预埋的接地扁铁应与钢筋焊接，无衬砌钢筋的也应尽量与锚杆头进行焊接，以确保接地电阻满足设计要求。

7.2 二次衬砌台车

（1）二次衬砌台车必须在进洞前拼装到位，连拱隧道、小净距隧道一端必须要有两部二次衬砌台车，以确保左右线开挖以及二次衬砌的合理步距，确保结构安全。

（2）两车道二次衬砌台车钢板厚应不小于10mm；三车道隧道二次衬砌台车钢板厚应不小于12mm；四车道的二次衬砌台车须经过计算验证。对已使用过的二次衬砌台车必须经过专业模板厂家整修合格后方可进场。为减少二次衬砌模板间痕迹，每块钢板宽度应不小于2m，板间接缝按齿口搭接或焊接打磨；改善二次衬砌台车的支撑体系，避免由于模板局部受力过大造成变形，影响二次衬砌外观。

（3）台车模板支撑桁架门下净空应满足隧道衬砌前方施工所需大型设备通行要求；桁架各层平台的高度要满足混凝土施工要求，利于工人进行安管、混凝土捣固等施工作业，且必须要有上下行的爬梯，见图7.3。

图7.3 桁架平台的爬梯

（4）衬砌台车现场拼装时，衬砌前对模板表面进行彻底打磨，清除锈斑，涂油防锈（图7.4）；对模板板块拼缝进行焊联并将焊缝打磨平整（图7.5、图7.6）。

图7.4　模板表面涂油防锈

图7.5　台车背面板缝焊接

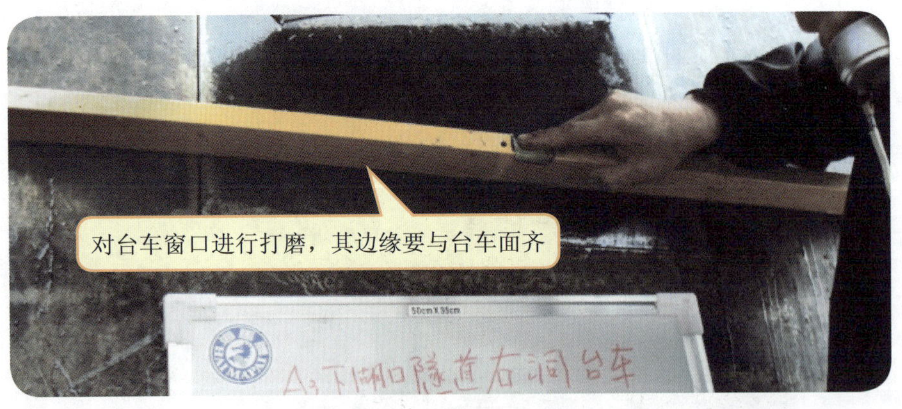

图7.6　台车窗口打磨

（5）直线隧道衬砌台车长度宜为10～12m；曲线隧道且半径较小时，长度宜为6～10m。

（6）台车模板的液压支顶、收缩系统应布置合理，满足衬砌施工需要；衬砌台车应满足自动行走要求，并有闭锁装置，保证定位准确。

7.3 二次衬砌钢筋制作、安装

（1）二次衬砌钢筋制作必须按设计轮廓进行大样定位，见图7.7。

（2）为确保二次衬砌钢筋定位准确，钢筋保护层厚度应符合要求。具体做法有：

①先由测量人员用坐标放样在调平层及拱顶防水布上，定出自制台车范围内前后两根钢筋的中心点，确定好法线方向，确保定位钢筋的垂直度及与仰拱预留钢筋连接的准确度。钢筋绑扎的垂直度采用三点吊垂球的方法确定。

②用水准仪测量调平层上定位钢筋中心点高程，推算出该里程处圆心与调平层上中心点的高差，采用自制三脚架定出圆心位置（自制三脚架如图7.8所示）。

图7.7 二次衬砌钢筋放大样定位

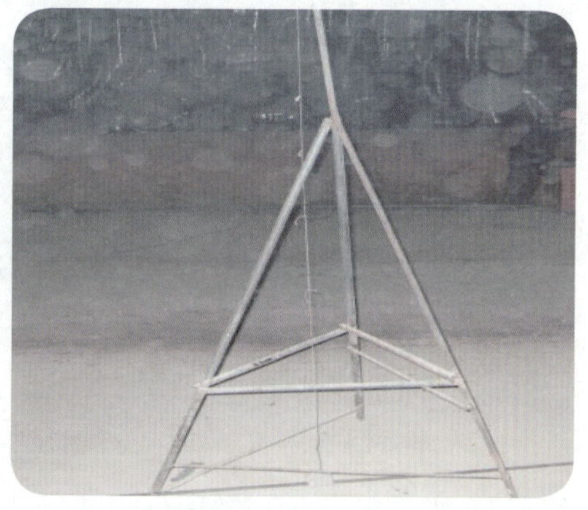

图7.8 自制三脚架

③圆心确定后，采用尺量的方法检验定位钢筋的尺寸是否满足设计要求，对不满足要求位置的重新进行调整，全部符合要求后固定钢筋。钢筋固定采用自制台车上由钢管焊接的可调整的支撑杆控制。如图7.9所示为自制简易台车，可用于防水板挂设和钢筋安装。

④定位钢筋固定好后，根据设计钢筋间距，在支撑杆上用粉笔标出环向主筋布设位置，在定位钢筋上标出纵向分布筋安装位置，然后开始绑扎此段范围内钢筋，各钢筋交叉处均应绑扎（图7.10）。

a）　　　　　　　　　　　　b）

图7.9　自制台车固定钢筋

图7.10　绑扎钢筋

（3）钢筋保护层全部采用高强砂浆垫块来控制，不得使用塑料垫块，见图7.11。

（4）要求主筋纵向间距、分布筋环向间距、内外层横向间距、保护层厚度符合设计要求。钢筋布置现场效果如图7.12所示。

图7.11　高强砂浆垫块控制钢筋保护层

图7.12　钢筋布置现场效果图

7.4 二次衬砌

7.4.1 一般要求

（1）为保证衬砌工程质量，隧道一般地段（含洞身、明洞、加宽段）的二次衬砌施工必须采用全断面模板台车和泵送作业。如加宽段围岩条件较差，须及时进行二次衬砌施工时，可采用小模板进行二次衬砌施工，确保安全。

（2）隧道洞口段二次衬砌必须及时施作，掘进超过50m的，必须停止开挖进行二次衬砌施工；洞身段二次衬砌与掌子面距离不得超过200m；二次衬砌作业面与铺底作业面距离不得少于100m，与矮边墙作业面距离不得少于60m，保证正常二次衬砌施工进度。

（3）复合式衬砌结构的二次衬砌施工应在监控量测数据指导下，选择适当时机进行施工；二次衬砌施工前须对初期支护断面进行激光量测，对不符合要求的应进行处理。

（4）施工过程中，输送泵应连续运转，泵送连续灌注，应避免停歇造成“冷缝”，间歇时间超过规范要求时，应按施工缝处理。

（5）隧道衬砌起拱线以下的反弧部位是混凝土浇筑作业的难点部位，应对混凝土性能、坍落度及捣固方法进行有效控制，以减少反弧段气泡，有效改善衬砌混凝土表面质量。

（6）止水条、止水带、预埋件安装质量要符合设计及规范要求。

（7）项目业主要委托有资质的专业检测单位对二次衬砌钢筋、保护层厚度、空洞情况进行检测。对检查不合格的项目，施工单位必须进行整改处理。

（8）拆模后，若发现缺陷，不得擅自修补，经监理工程师批准后方可处理。

（9）二次衬砌拆模时间由最后一盘封顶混凝土试件达到的强度来控制，不得过早拆模；二次衬砌拆模前后均须养护（图7.13）。要求洞口100m养护期不少于14d，洞身养护不少于7d，对已贯通的隧道二次衬砌养护期不少于14d。

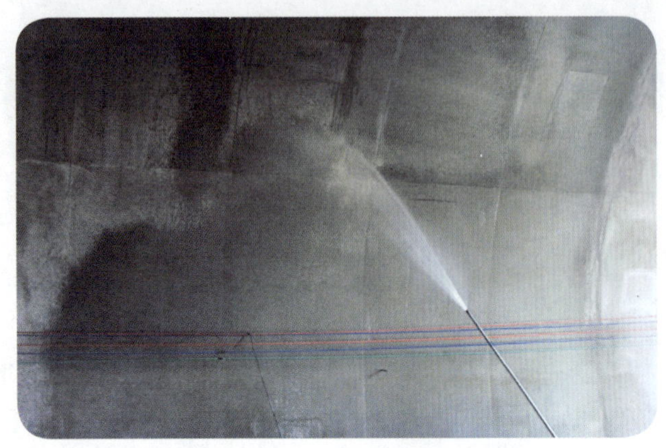

图7.13　二次衬砌拆模养护

7.4.2　外观质量

（1）达到“六无”（无错台、无漏浆、无冷缝、无气泡、无色差、无渗漏）要求。

（2）结构轮廓线条直顺美观，无跑模、露筋现象。

（3）节段接缝处错台小于10mm，表面无渗水印迹。

（4）任一延米的隧道面积中，蜂窝麻面面积不超过0.5%，深度不超过10mm。

（5）每节衬砌均检查一个断面，混凝土厚度不小于设计值，用激光断面仪或钢尺检验确定。

7.4.3　预留洞室

预留洞室尺寸要符合设计，棱角整齐，外观质量好，见图7.14。

7.4.4　拱顶预留接线盒

拱顶预留接线盒的位置要准确，电缆钢管要安放在两层钢筋的中间，其平面线形要与隧道的线形相一致，见图7.15。

图7.14　预留洞室

图7.15　拱顶预留接线盒的布置

7.5　常见的质量问题及预防

（1）矮边墙厚度达不到设计要求，纵向排水管侵占二次衬砌空间，都是公路隧道经常出现的质量问题（图7.16、图7.17）。

图7.16　矮边墙厚度不足

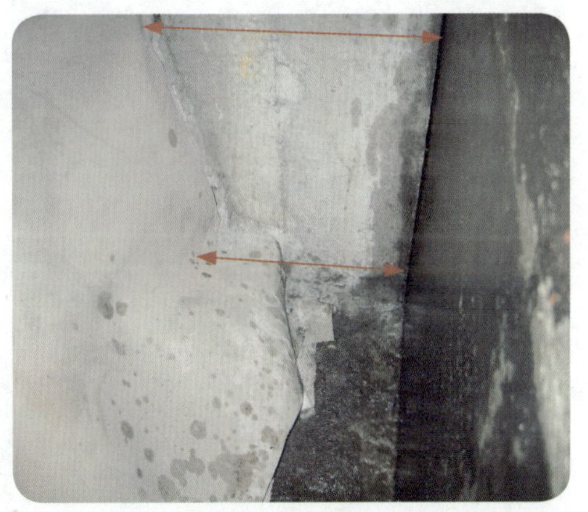

图7.17　纵向排水管侵占二次衬砌空间

（2）矮边墙预留钢筋长度不足，位置不正确（图7.18）。

（3）仰拱开挖轮廓与设计不符，明显欠挖。虚渣和碎石清理不彻底，明显存在仰拱偷工减料现象（图7.19、图7.20）。

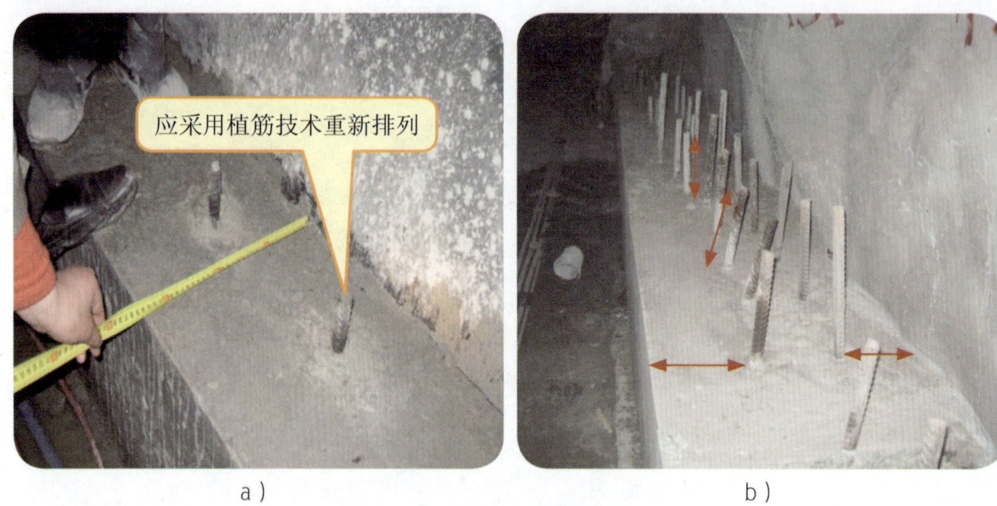

a）　　　　b）

图7.18　矮边墙预留钢筋质量问题

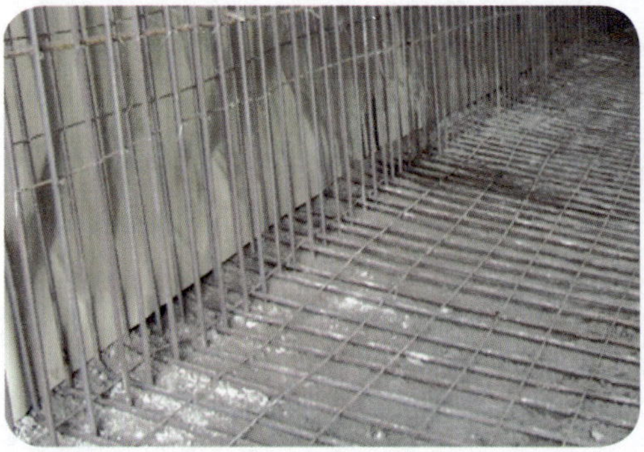

a） 　　　　b）

c） 　　　　d）

图7.19　仰拱开挖轮廓与设计不符造成欠挖

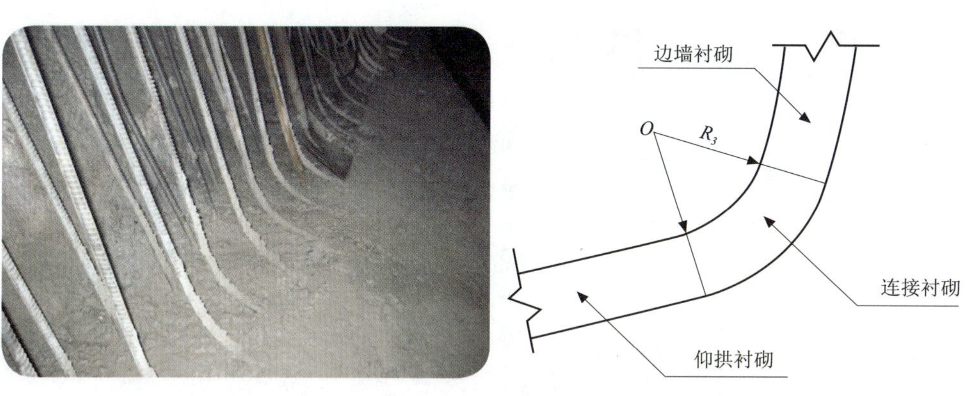

a）　　b）

图7.20　设计仰拱开挖轮廓线

（4）仰拱混凝土拱座不成形，振捣不密实，强度不足（图7.21）。没有关模浇注。

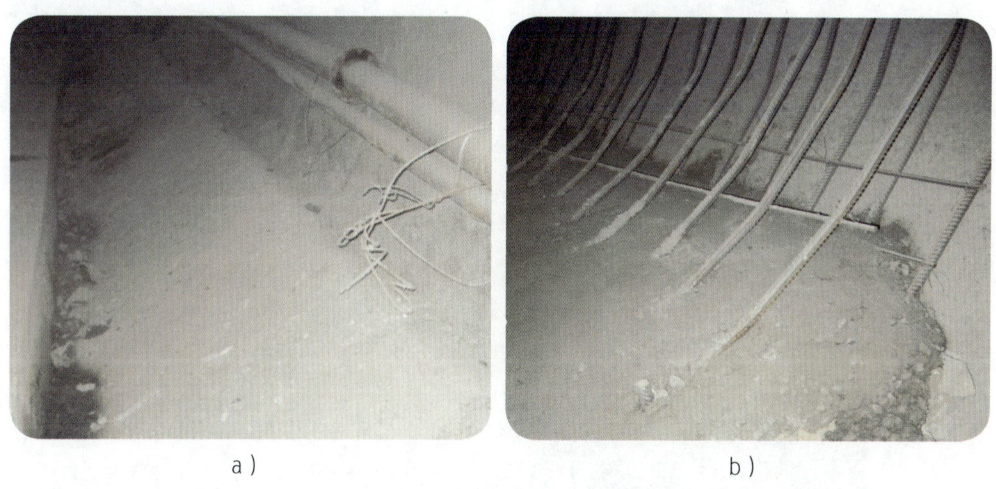

a）　　b）

图7.21　仰拱座不成形混凝土浇筑不密实

（5）钢筋搭接不符合规范要求（图7.22）。正确的钢筋搭接方式如图7.23、图7.24所示。

（6）二次衬砌拱顶混凝土厚度不足，存在空洞（图7.25）；混凝土没有将钢筋包裹，钢筋裸露在外（图7.26）；泵送混凝土时压力不足或时间不足（图7.27）。

a）

b）

c）

图7.22　不规范钢筋搭接方式

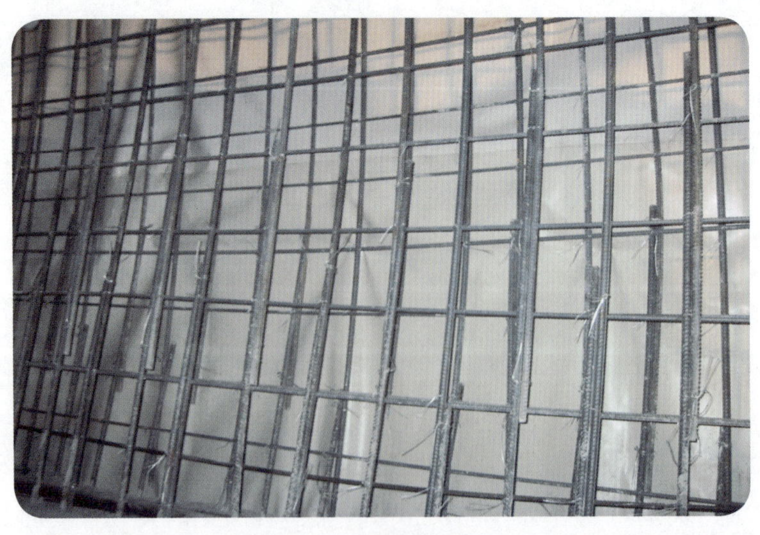

图7.23　正确钢筋搭接方式

a）

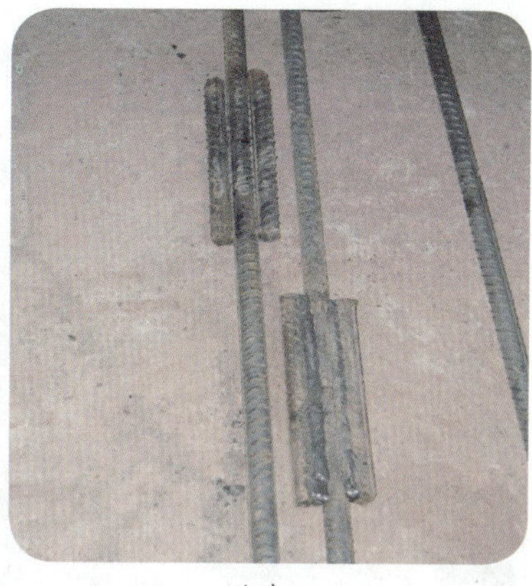
b）

图7.24　钢筋搭接细部图

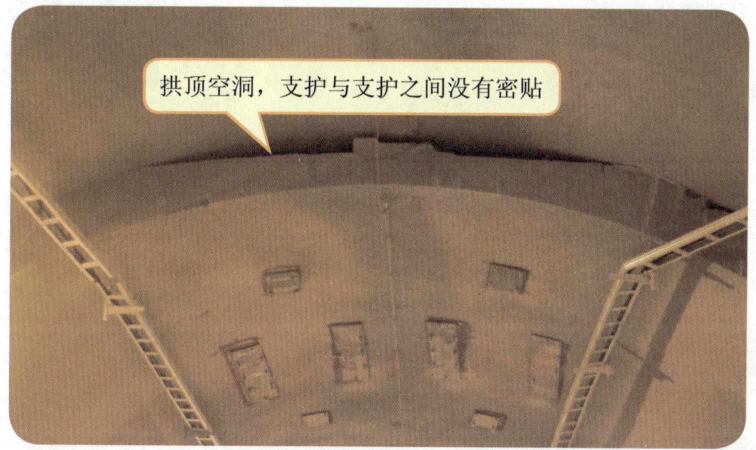

图7.25　拱顶存在空洞

图7.26　钢筋裸露在外

图7.27　混凝土泵送中断产生冷缝

（7）二次衬砌厚度不足（图7.28）。

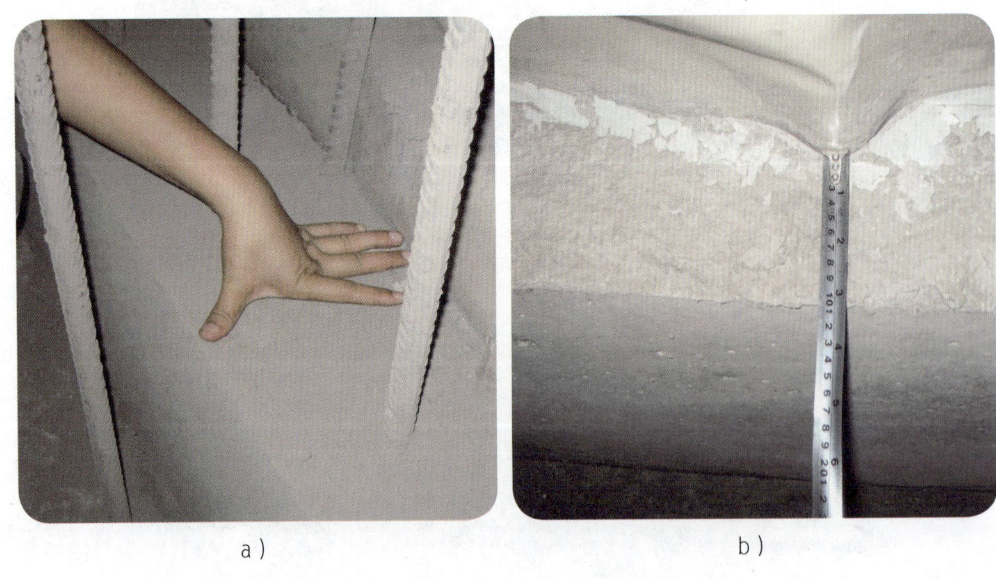

a）　　b）

图7.28　二次衬砌厚度不足

（8）混凝土开裂和渗漏水（图7.29）。

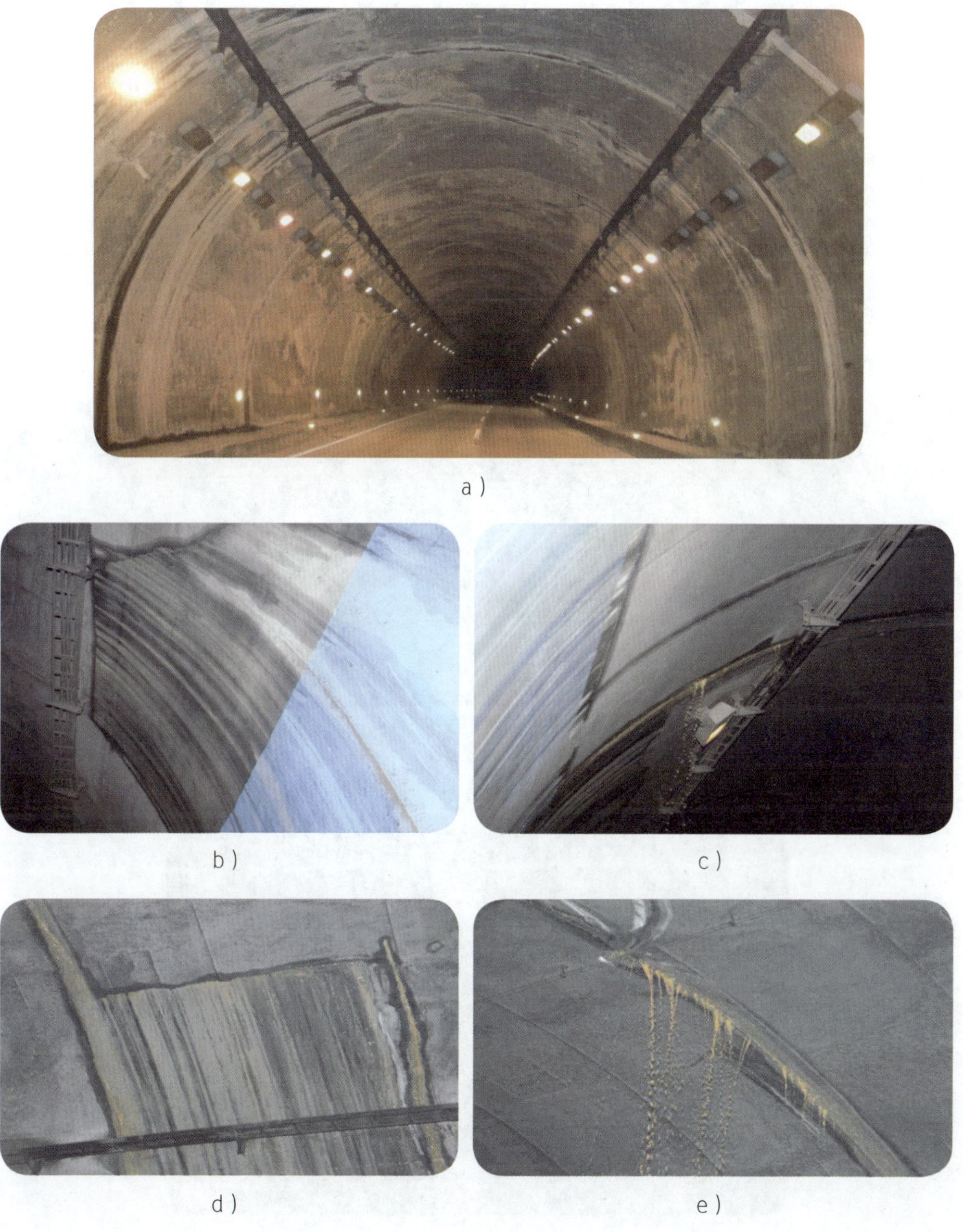

a）

b） c）

d） e）

图7.29 混凝土开裂和渗漏水

8 超前地质预报和监控量测

8.1 一般要求

（1）隧道必须开展超前地质预报和监控量测工作（图8.1、图8.2）。应成立专门的监控小组或委托其他有经验的单位承担超前地质预报和监控量测，监控小组（单位）须经项目业主批准同意后及时开展工作。

a）

b）

图8.1 监控量测

图8.2 超前地质预报

（2）监控小组应根据围岩条件、支护类型参数、施工方法及所确定的量测目的制订详细的工作计划，报业主、监理工程师批准后执行。

（3）超前地质预报和监控量测数据应及时反馈施工、监理、设计单位，做到动态设计、动态施工、动态管理。监控小组（单位）每月定期向有关单位上报超前地质预报和监控量测月报。

8.2 监测内容、频率

8.2.1 隧道监控量测项目

（1）隧道结构裂缝及渗漏水。

（2）地表沉降，周围建筑物、构筑物及周围地下管线的垂直位移、水平位移、倾斜等（隧道浅埋段）。

（3）隧道拱顶下沉和周边位移收敛监测（必测项目）。

（4）地下水位：地下水位高于隧道基底高程时。

（5）爆破震动监测：适用小净距和连拱隧道。

（6）日常观察：现场巡视（必测项目）。

（7）其他根据工程特点选择的监测项目。

8.2.2 隧道质量检测项目（图8.3）

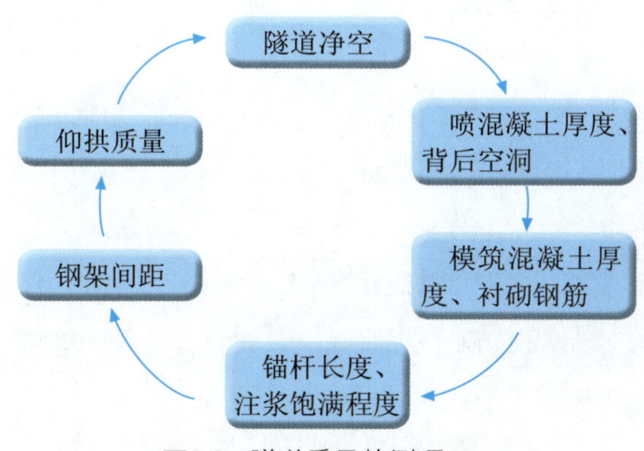

图8.3 隧道质量检测项目

8.2.3 隧道超前预报内容

（1）地质超前预报。

（2）隧道围岩涌水量预报。

（3）隧道围岩稳定位移与突发失稳时间预报。

8.3 监测单位资格条件

（1）独立法人资格、持有有效的营业执照和法人证书。

（2）具备下列条件之一：

①具有公路工程试验检测综合甲级资质的企事业单位。

②具有工程勘察综合类甲级资质的企事业单位。

③具有工程勘察专业类工程测量甲级资质的企事业单位。

（3）近五年内至少完成过一座隧道的检测技术服务工作。

（4）具有一定量的从事过实际监测工作的监测工程师。

（5）经营状况、商业信誉和财务信用良好。

（6）与项目业主、监理单位及承包人不应存在隶属关系或其他利害关系。

8.4 对监测单位的要求

（1）“第三方监测”单位应加强队伍建设，提高监测人员技术素质，加强科学监测、信息化传输和反馈控制，提高隧道安全预测、预报以及防治技术。

（2）“第三方监测”单位对提供的数据和报告负责；执行“第三方监测”的隧道不能免除《公路隧道施工技术规范》（JTG F60—2009）所规定的承包人应承担的责任。

8.5 超前地质预报

8.5.1 一般要求

（1）隧道施工应加强地质工作，以达到地质预测、预报的目的。常规地段应实施跟踪地质调查，不良地质地段应进行超前地质预报。地质预测、预报应作为必备工序纳入施工组织管理。

（2）跟踪地质调查与超前地质预报，应达到下列主要目的：

①在施工前期地质勘察成果的基础上，进一步查明掌子面前方一定范围内围岩的地质条件，进而预测前方的不良地质以及隐伏的重大地质问题。

②为信息化设计和施工提供可靠依据。

③降低地质灾害发生的风险。

④为编制竣工文件提供可靠的地质资料。

（3）隧道施工前应根据设计文件的地勘资料，编制地质预报方案和实施大纲，并报有关部门审查和批准后执行。

（4）跟踪地质调查与超前地质预报应配备专业技术人员和设备。

（5）地质预报、信息化设计和信息化施工是一个有机的整体，各方应协调一致，紧密配合，既为量测作业创造条件，又避免因抢工程进度而忽视量测工作。同时，应做到信息传递顺畅，反馈及时，快速决策处理。

（6）现场照明、通风等作业条件良好，满足正常预报作业需要。

8.5.2 超前地质预报的分级

（1）隧道施工中地质预测、预报方案应根据区域地质资料和设计文件制订，以达到预报准确、节省资源的目的。

（2）根据地质对隧道安全的危害程度，将地质灾害分为A、B、C、D四级，其影响因素见表8.1。

（3）复杂地质的预测、预报应坚持隧道洞内探测与洞外地质勘探相结合，地质方法与物探方法相结合，辅助导坑与主洞探测相结合，并贯穿于施工全过程。

地质灾害分级影响因素 **表8.1**

隧道地质分级		A	B	C	D
		严重	较严重	一般	轻微
地质复杂程度（含物探异常）	岩溶发育程度	极强，厚层块状灰岩，大型溶洞、暗河，岩溶密度每平方公里>15个，最大泉流量>50L/s，钻孔岩溶率>10%	强烈，中厚层灰岩夹白云岩，地表溶洞落水洞密集、地下以管道水为主，岩溶密度每平方公里5~15个，最大泉流量10~50L/s，钻孔岩溶率5%~10%	中等，中薄层灰岩，地表出现溶洞，岩溶密度每平方公里1~5个，最大泉流量5~10L/s，钻孔岩溶率2%~5%	微弱，不纯灰岩与碎屑岩互层，地表地下以溶隙为主，最大泉流量<5L/s，钻孔岩溶率<2%
地质复杂程度（含物探异常）	涌水涌泥程度	特大（日出水10万t以上）、大型突水（日出水1万~10万t）、突泥，高水压	中小型突水（日出水1 000~1万t）、突泥	小型涌水（日出水100~1 000t）、涌泥	日出水小于100t，涌突水可能性极小
地质复杂程度（含物探异常）	断层稳定程度	大型断层破碎带、自稳能力差、富水，可能引起大型失稳坍塌	中型断层带，软弱，中~弱富水，可能引起中型坍塌	中小型断层，弱富水，可能引起小型坍塌	中小型断层，无水，掉块
地质复杂程度（含物探异常）	地应力影响程度	高应力，严重岩爆（拉森斯判据<0.083，即岩石点荷载强度与围岩最大切向应力的比值），大变形	高应力，中等岩爆（拉森斯判据0.083~0.15），中~弱变形	弱岩爆（拉森斯判据0.15~0.20），轻微变形	无岩爆（拉森斯判据>0.20），无变形
地质复杂程度（含物探异常）	瓦斯影响程度	瓦斯突出：煤的破坏类型为Ⅲ（强烈破坏煤）、Ⅳ（粉碎煤）、Ⅴ（全粉煤）类，瓦斯放散初速度≥10，煤的坚固系数≤0.5，瓦斯压力≥0.74MPa	高瓦斯：全工区的瓦斯涌出量≥0.5m³/min	低瓦斯：全工区的瓦斯涌出量<0.5m³/min	无

续上表

隧道地质分级	A	B	C	D
	严重	较严重	一般	轻微
（地质因素）对隧道施工影响程度	危及施工安全，可能造成重大安全事故	存在安全隐患	可能存在安全问题	局部可能存在安全问题
诱发环境问题的程度	可能造成重大环境灾害	施工、防治不当，可能诱发一般环境问题	特殊情况下可能出现一般环境问题	无

不同地质灾害级别的预报方式可采用：

①一级预报可用于A级地质灾害。采用地质分析法、地震波反射法、超声波反射法、陆地声纳法、地质雷达法、瞬变电磁法、红外探测法、超前水平钻探法等进行综合预报。

②二级预报可用于B级地质灾害。采用地质分析法、地震波反射法、超声波反射法、陆地声纳法，辅以地质雷达法、瞬变电磁法、红外探测法，必要时进行超前水平钻孔。

③三级预报可用于C级地质灾害。以地质分析法为主，对重要地质（层）界面、断层或物探异常地段宜采用地震波反射法或超声波反射法进行探测，必要时采用红外探测法和超前水平钻孔。

④四级预报可用于D级地质灾害。采用地质分析法。

8.5.3 超前地质预报的内容

（1）地质情况及水文地质：

①地层岩性，如软弱夹层、破碎地层、煤层及特殊岩土。

②地质构造，特别对断层、节理密集带、褶皱构造等。

③不良地质，特别是溶洞、暗河、人为坑洞、放射性和有害气体、高地应力、高地温、高岩温等发育情况。

④地下水，特别是岩溶管道水、富水断层、富水褶皱轴及富水地层地带等。

（2）对照图纸提供的地质资料，预报地质条件变化情况及对事故的影响程度。

（3）预报可能出现的不良地质及其对施工的影响，以及处理措施。

①可能出现塌方、滑动的部位、形式、规模以及发展趋势，提出处理措施。

②可能出现突然涌水的地点、涌水量大小、地下水泥沙含量及对事故的影响。

③软岩内鼓、边墙掉块地段及对施工的影响。

④岩体突然开裂或原有裂隙逐渐加宽的位置及其危害程度。

⑤对隧道将要穿过不稳定岩层、较大断层作出预报，以便及时改变施工方法，采取应急措施。

⑥隧道附近或穿过瓦斯地段的岩（煤）层中，预报瓦斯影响范围。

（4）位移量测中发现圈岩变形速率加快时，应预报对围岩稳定性的影响程度。

（5）浅埋隧道地面出现下沉或裂缝时，预报对隧道稳定和施工的影响程度。

（6）隧道施工中由于措施不当，可能造成围岩失稳，应及时采取改进措施。

8.5.4 超前地质预报分类

根据预报范围的不同，超前地质预报可分为以下三类：

（1）长距离预报：对不良地质及特殊地质情况进行长距离宏观预测、预报，预报距离一般在掌子面前方200m以上，并根据揭示情况进行修正。

（2）中距离预报：在长距离预报基础上，采用地震波反射法、超声波反射法、瞬变电磁法、深孔水平钻探等，对掌子面前方30～200m范围内的地质情况进行较详细的预报。

（3）短距离预报：在中长距离预报的基础上，采用红外探测法、瞬变电磁法、地质雷达和超前钻孔，微观地探明掌子面前方30m范围内地下水出露、地层岩性及不良地质情况等。

8.6 监控量测

8.6.1 一般要求

（1）监控量测是新奥法设计理论核心，是施工的重要组成部分。采用复合式衬砌的隧道必须将现场监控量测项目列入施工组织设计，在施工中认真实施，施工、设计单位必须紧密配合，分析各项量测信息，确认或修正设计参数。

（2）隧道开工前，应根据设计要求，并结合隧道规模、地形地质条件、施工方法、支护类型和参数、工期安排，以及所确定的量测目的等制订施工全过程量测方案。编制内容应包括：量测项目、量测仪器选择、测点布置、量测频率、数据处理、反馈方法，以及组织机构、管理体系等。量测计划应与施工进度计划相适应。

监控量测工作应结合开挖、支护作业的进程，按要求布点和监测，并根据现场实际情况及时调整补充，量测数据应及时分析、处理和反馈。

（3）监控量测是施工工艺流程中的一个重要工序，应贯穿施工的全过程。监控量测应达到下列目的：

①掌握围岩和支护的动态信息并及时反馈，指导施工作业。

②通过对围岩和支护的变形、应力量测，为修改设计提供依据。

（4）地质条件和周边环境复杂的隧道、长隧道、特长隧道，应由专业人员进行监控量测。

（5）现场量测仪器应根据量测项目及测试精度选用。宜选择简单适用、稳定可靠、操作方便、量程合理、便于进行结果处理和分析的测试仪器。

（6）监测、施工、监理、设计等单位必须紧密配合，为量测作业创造条件。同时各方应共同研究、分析各项量测信息，确认、修正设计参数或施工方法。

（7）周边位移、拱顶下沉和地表下沉等必测项目宜布置在同一断面，其量测面间距及测点数量应根据隧道埋深、围岩级别、断面大小、开挖方法、支护形式等确定。隧道开挖后应及时进行围岩、初期支护的周边位移量测和拱顶下沉量测。当围岩差、断面大或地表沉降控制要求高时，宜进行岩体内位移量测和其他量测。洞口段、浅埋段或地表有建（构）筑物时，应进行地表沉降量测。

（8）围岩松弛范围量测，可采用弹性波法或位移法。

（9）当围岩条件差、变形过大或初期支护破损变形较大时，应进行支护结构内的应力及接触应力量测。

（10）各项量测作业均应持续到变形基本稳定后1～3周。对于膨胀性和挤压性围岩，应适当延长量测时间。

（11）各预埋测点应牢固可靠，并设置专用标志牌，标明测点的名称、部位、编号、埋设日期等；应加强教育，提高所有进洞人员的保护意识，对测点进行妥善保护，不得任意撤换和破坏；施工过程中应做好仪器的日常维护工作，保证其性能良好；量测人员进洞应遵守隧道洞内作业施工要求。

（12）现场照明、通风等作业条件良好，满足正常量测作业需要。

8.6.2 工作程序（图8.4）

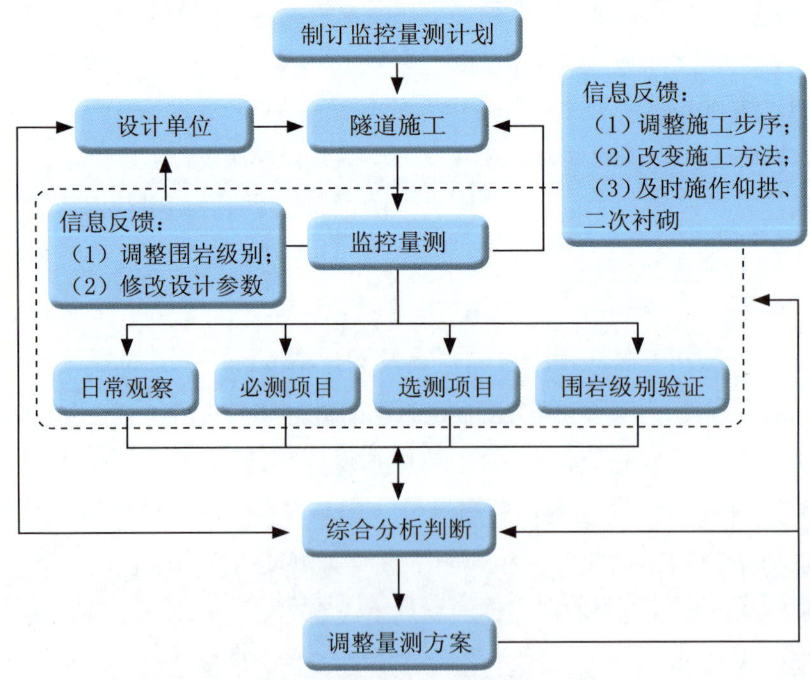

图8.4 监控量测工作程序

8.6.3 量测项目

1）必测项目

在复合式衬砌和喷锚衬砌隧道施工时必须进行必测项目的量测，必测项目见表8.2。各测点应安设在不受爆破影响的范围内，并应在每次开挖后12h内取得初读数，最迟不得超过24h，并且在下一循环开挖前必须完成。选测项目测点埋设时间根据实际需要进行。

隧道现场监控量测必测项目 表8.2

序号	项目名称	方法和工具	布置	测试精度（mm）	量测频率			
					1～15天	16天～1个月	1～3个月	大于3个月
1	洞内外观察	现场观测、地质罗盘等	开挖及初期支护后进行	—	—			
2	周边位移	各种类型收敛计	每5～50m一个断面，每断面2～3个测点	0.1	1～2次/d	1次/2d	1～2次/周	1～3次/月
3	拱顶下沉	水准测量的方法，水准仪、钢尺等	每5～50m一个断面	0.1	1～2次/d	1次/2d	1～2次/周	1～3次/月
4	地表下沉	水准测量的方法，水准仪、钢尺等	洞口段、浅埋段（$h_0 \leq 2b$）	0.5	开挖面距量测断面前后<$2b$时，1~2次/d； 开挖面距量测断面前后<$5b$时，1次/（2~3）d； 开挖面距量测断面前后<$5b$时，1次/（3~7）d			

注：b——隧道开挖宽度；h_0——隧道埋深。

测点应牢固、可靠、易于识别，且能真实地反应围岩、支护的动态变化信息。

洞内必测项目各测点应埋入围岩中，深度不应小于0.2m，不应焊接在钢支撑上，外露部分应有保护装置。

2）选测项目

应根据设计要求、隧道横断面形状和断面大小、埋深、围岩条件、周边环境条件、支护类型和参数、施工方法等综合选择选测项目。

8.7 量测要点

1）洞内、外观察

隧道施工过程中应进行洞内、外观察，洞内观察分开挖工作面观察和已支护地段观察两部分。

（1）开挖工作面观察应在每次开挖后进行。观察工作面状态、围岩变形、围岩风化变质情况、节理裂隙、断层分布和形态、地下水情况以及喷射混凝土的效果。观察后应及时绘制开挖工作面地质素描图，填写开挖工作面地质状态记录表和施工阶段围岩级别判定卡。

对已支护地段的观察应每天进行一次，主要观察围岩、喷射混凝土、锚杆和钢架等的工作状态。观察中发现围岩条件变化时，应立即将信息反馈给业主、设计、监理单位，采取相应处理措施。

（2）洞外观察重点应在洞口段、岩溶发育区段地表和洞身埋置深度较浅地段，其观察内容应包括地表开裂、地表沉陷、边坡及仰坡稳定状态、地表水渗透情况、地表植被变化等。

2）净空位移和拱顶下沉

（1）量测坑道断面的收敛情况，包括量测拱顶下沉、净空水平收敛以及铺底鼓起（必要时）。

（2）应按表8.3和表8.4确定净空位移和拱顶下沉的量测频率。施工状况发生变化时（开挖下台阶、仰拱或拆除临时支护等），应适当增加检测频率。

净空位移和拱顶下沉的量测频率（按位移速度）　　表8.3

位移速度（mm/d）	量测频率	位移速度（mm/d）	量测频率
≥5	2~3次/d	0.2~0.5	1次/3d
1~5	1次/d	<0.2	1次/（3~7）d
0.5~1	1次/（2~3）d		

净空位移和拱顶下沉的量测频率（按距开挖面距离）　　表8.4

量测断面距开挖面距离（m）	量测频率	量测断面距开挖面距离（m）	量测频率
（0~1）*b*	2次/d	（2~5）*b*	1次/（2~3）d
（1~2）*b*	1次/d	>5*b*	1次/（3~7）d

注：*b*——隧道开挖宽度。

（3）拱顶下沉和水平收敛量测断面的间距为：Ⅲ级及以上围岩不大于40m；Ⅳ级围岩不大于25m；Ⅴ级围岩应小于20m。围岩变化处应适当加密，在各类围岩(起始地段增设拱顶下沉测点1 ~ 2个，水平收敛1~2对。当发生较大涌水时，Ⅳ、Ⅴ级围岩量测断面平均间距应缩小至5~10m。

（4）各测点应在避免爆破作业破坏的前提下，尽可能靠近工作面埋设，一般为0.5~2m，并在下一次爆破循环前获得初始读数。初读数应在开挖后12h内读取，最迟不得超过24h，而且在下一循环开挖前，必须完成初期变形值的读取。

（5）净空水平收敛测线的布置应根据施工方法、地质条件、量测断面所在位置、隧道埋置深度等条件确定。在地质条件良好，采用全断面开挖方式时，可设一条水平测线；当采用台阶开挖方式时，可在拱腰和边墙部位各设一条水平测线。

（6）拱顶下沉与水平收敛量测应布置在同一量测断面，可采用水准仪测定下沉量。当地质条件复杂、下沉量大或偏压明显时，除量测拱顶下沉外，还应量测拱腰下沉及基底隆起量。

3）地表下沉量测

（1）位于Ⅳ~Ⅴ级围岩中且覆盖厚度小于2*b*的隧道，应进行地表沉降量测。根据图纸要求或监理工程师指示，应在施工过程中可能产生地表塌陷之处设置观测点，地表下沉观测点按普通水准基点埋设。在预计破裂面以外3~4倍洞径处设水准基点，作为各观测点高程测量的基准，从而计算出各观测点的下沉量。地表下沉桩的布置宽度应根据围岩类别、隧道埋置深度和隧道开挖宽度而定，地表下沉量测断面的间距按表8.5及表8.6采用。

地表下沉量测断面间距及频率　　表8.5

变形速度（mm/d）	量测断面距开挖工作面的距离	量测频率
＞10	（0~1）b	（1~2）次/d
10~5	（1~2）b	1次/d
5~1	（2~5）b	1次/2d
＜1	＞5b	1次/1周

注：b——隧道开挖宽度。

地表下沉量测断面间距　　表8.6

埋置深度H	地表下沉量测断面的间距（m）	埋置深度H	地表下沉量测断面的间距（m）
$H>2b$	20~50	$H<b$	5~10
$b<H<2b$	10~20		

注：无地表建筑物时取表内上限值；b——隧道开挖宽度。

地表下沉监测范围横向应延伸至隧道中线量测（1~2）（$b/2+h+h_0$），纵向应在掌子面前后（1~2）（$h+h_0$）（b为隧道开挖宽度，h为隧道开挖高度，h_0为隧道埋深）。测点间距宜为2~5m，并应根据地质条件和环境条件进行调整。

（2）地表下沉量测频率和拱顶下沉及净空水平收敛的量测频率相同。

（3）地表下沉量测应在开挖工作面前方$H+h$（隧道埋置深度+隧道高度）处开始，直到衬砌结构封闭、下沉基本停止时为止。

（4）地表下沉的量测尽量与洞内拱顶下沉量测、周边位移量测在同一横断面内，当地表有建（构）筑物时，应在建（构）筑物周围增设地表下沉测点。

（5）地表下沉监测应在隧道开挖前开始，到二次衬砌全部施工完毕，且下沉基本停止时为止。

8.8 量测数据处理与应用

1）一般要求

（1）隧道现场监控量测应成立专门量测小组，负责日常量测、数据处理和仪器保养维修工作，并及时将量测信息反馈给施工部门和设计单位。测点埋设宜在施工部门配合下完成。各预埋测点应牢固可靠，不得任意撤换和破坏。

（2）现场监控量测应按量测方案认真组织实施，并与其他施工环节紧密配合，不得中断工作。

（3）每次量测后，应及时进行数据整理和分析，绘制量测数据时态曲线和距离开挖面距离图，并绘制地表下沉值沿隧道纵向和横向变化量和变化速率曲线。

（4）应根据量测数据处理结果，及时提出调整和优化施工方案及工艺；围岩变形和速率较大时，应及时采取安全措施，并建议变更设计。

（5）围岩稳定性和二次支护时间应根据所测得位移量或回归分析所得最终位移量，位移速度及其变化趋势，隧道埋深，开挖断面大小，围岩等级，支护所受压力、应力、应变等综合分析判定。

2）量测数据整理、分析与反馈

数据整理、分析与反馈应符合下列规定：

（1）当位移—时间曲线趋于平缓时，应进行数据处理或回归分析，以推算可能出现的值和变化速度，掌握位移变化的规律。

（2）当位移—时间曲线出现反弯点时，表明围岩和支护已呈不稳定状态，此时应密切监视围岩动态，及时分析原因，提出对策和建议，并及时反馈给有关单位，从而采取有效措施加强支护，必要时暂停开挖。

3）围岩稳定性的综合判别

围岩稳定性的综合判别，应根据量测结果按下列指标判定：

（1）实测位移值不应大于隧道的极限位移，并按表8.7位移管理等级施工。一般情况下，宜将隧道设计的预留变形量作为极限位移，而设计变形量应根据检测结果不断修正。

位移管理等级 表8.7

管理等级	管理位移（mm）	施工状态
Ⅲ	$U<U_0/3$	可正常施工
Ⅱ	$U_0/3\leqslant U\leqslant 2U_0/3$	应加强支护
Ⅰ	$U>2U_0/3$	应采取特殊措施

注：U——实测位移值；U_0——设计极限位移值。

（2）根据位移速率判断：速率大于1mm/d时，围岩处于急剧变形状态，应加强初期支护；速率变化在0.2~1. 0mm/d时，应加强观测，制订加固预案；速率小于0.2mm/d时，围岩基本稳定。在高地应力、岩溶地层和挤压地层等不良地质中，应根据具体情况制订判断标准。

（3）根据位移速率变化趋势判断：当围岩位移速率不断下降时，围岩处于稳定状态；当围岩位移速率保持不变时，围岩尚不稳定，应加强支护；当围岩位移速率变化上升时，围岩处于危险状态，必须立即停止掘进，采取应急措施。

（4）初期支护承受的应力、应变、压力实测值与允许值之比大于或等于0.8时，围岩不稳定，应加强初期支护；初期支护承受的应力、应变、压力实测值与允许值之比小于0.8时，围岩处于稳定状态。

8.9 量测资料

竣工文件中应包括下列量测资料：

（1）现场监控量测计划；

（2）实测点布置图；

（3）围岩和支护的位移—时间曲线图、空间关系曲线图，以及量测记录汇总表；

（4）量测变更设计和改变施工方法地段的信息反馈记录；

（5）现场监控量测说明。

8.10 竣工后量测

已竣工并交互运营的隧道，经批准后应进行长期运营量测时，运营量测点应在施工期间埋设并移交运营管理单位。运营量测由运营管理单位设专人进行，或委托第三方进行。

9 路面及附属工程

9.1 水沟、电缆沟

（1）水沟、电缆槽宜随边墙基础一次开挖成形，不应在边墙浇筑后再爆破开挖。

（2）电缆槽与边墙间应连接牢固，必要时可设短钢筋。

（3）水沟沟身采用现浇混凝土，预制边沟安装时应保证边沟接头紧密、不渗漏，与相邻路面接缝平整。

（4）水沟应与衬砌排水、路面排水管路连通，保持顺畅。

（5）电缆槽盖板的制作，应平顺、整齐、无翘曲；盖板铺设应平稳，盖板两端与沟壁的缝隙应用砂浆填平，不得晃动或吊空；盖板规格应统一，可以互换。

（6）如在施作矮边墙时未一次成形电缆沟侧墙，施工电缆沟侧墙前应凿毛，并配置连接钢筋和水平钢筋（图9.1）。

图9.1　施工矮边墙前凿毛处理

（7）电缆沟靠路面一侧应滞后路面施工，以免影响路面机械摊铺。较规范的做法如图9.2所示。其优点为：先行施工电缆沟底板和侧壁基础，侧壁预留钢筋，带路面施工后再行施作，这样路面就可以少浇一道缝。

图9.2　规范的电缆沟施工方法

9.2　洞门工程

（1）砌筑洞门的料石要符合要求，条石和丁石的尺寸要一致，边线要直顺，棱角要分明，缺边掉角的料石不得使用。

（2）砌体的大面要平整，缝宽要一致（图9.3）。条石外露面的尺寸宜为60cm×30cm，丁石外露面的尺寸宜为30cm×30cm，缝宽为2cm。

图9.3　砌体平整缝宽一致

（3）隧道洞门宜粘贴石板材，尤其是抛光的石板材，见图9.4、图9.5。

图9.4　反光的洞门石板材

图9.5　脱落的洞门石板材

9.3　预留、预埋和横通道

（1）消防洞、设备洞、车行和人行横通道及其他各类洞室设置应满足设计要求，当原设计位置地质条件不良时，应根据实际情况进行调整，尽量避开不良地质段。例如车行横洞不宜设置V级围岩段，可沿隧道纵向移动50m左右避开。

（2）隧道边墙内的各类洞室以及消防洞、设备洞和横通道等与正洞连接段的开挖，宜在正洞掘进时一次开挖成形。

（3）较大洞室及横通道与正洞连接地段，支护应按设计予以加强。

（4）各类洞室及横通道与正洞连接的折角处防水层应平顺铺设，设置必要的加强层，不得漏铺。洞室不得设置在衬砌断面变化处及施工缝和变形缝位置。

（5）预留洞室及横通道与正洞连接处的钢筋应连接牢固。

（6）埋设预埋管前，应清除管内外杂物，除去管口毛刺。预埋后应保证预埋管通畅，无阻塞。管口要用相应的塞子封住，以防杂物进入管子造成堵塞。

（7）施工前，应将镀锌扁钢校直。镀锌扁钢与镀锌角钢（或镀锌扁钢）焊接时，其焊接面不应小于截面的6倍。扁钢搭接时，焊接长度应大于100mm，且三面焊接，焊接后做两遍防腐处理。

（8）考虑隧道机电工程安装施工的方便性，施工完毕后，应在预留洞及预埋管处标注桩号，以方便机电施工时查找。

（9）预埋管内应穿1根3号镀锌铁丝，以方便机电安装缆线敷设。

（10）安装工程所用各种预埋件应按设计进行防锈蚀处理。

9.4 蓄水池、消防管道

（1）水池施工、安装及验收均应按照现行《给水排水构筑物工程施工及验收规范》（GB 50141—2008）规定执行。混凝土外加剂应符合《混凝土外加剂应用技术规范》（GB 50119—2013）的要求。当采用多种混凝土外加剂时，应进行兼容性试验。

（2）蓄水池混凝土的浇注必须振捣密实，不得漏振，应做到外光内实，无渗漏，并选择在地基牢固处。高位消防水池、低位蓄水池底板与池壁应整体现浇，不得留有施工缝，混凝土搅拌时间应比普通混凝土延长1min，保证搅拌均匀。池壁内外均应按照要求和设计做好防水处理；必须避免消防水池渗漏，以保证隧道长期运营管理和隧道防灾救灾的可靠性。

（3）拆模后，混凝土表面应加覆盖，防止阳光曝晒或寒潮袭击。养护期不应少于14d。

（4）浇注水池混凝土前，应将扶梯、墙管和吊攀等预埋件按图预先埋设牢固，防止浇注混凝土时松动；安装附属设备以前，预埋孔洞应事先留出，不得事后敲凿。

（5）蓄水池在混凝土达到设计强度后，应进行注水试验。

（6）设置避雷装置时，应进行接地电阻试验，其冲击接地电阻应符合设计和相关规范要求。

（7）消防管道安装完毕后，应进行压力调试。

9.5 路面

9.5.1 一般规定

（1）由于水泥混凝土路面的抗折强度要求高，对碎石的强度和洁净度的要求也相应较高。因此，必须选择符合隧道路面使用质量要求的碎石，使用前应认真清洗。

（2）隧道水泥路面应由专业化队伍进行施工，选用满足施工要求的配套机械设备，形成流水线作业。

（3）混凝土路面正式施工前，应铺筑混凝土试验段以确定施工工艺参数。水泥混凝土路面侧模必须采用新的槽钢进行施工。

（4）采用无纺布覆盖洒水养生；采用专用的切缝机和专用的刻纹机，并保证刻纹深度和宽度；隧道进出口处应按要求设置胀缝。

（5）路面找平后的最后一道工序不得用铁抹子压光，要用木抹子抹平，以保证路面表面平整，同时又有一定粗糙度。隧道应及时凿毛，对行车进口段上坡300m及下坡500m长度内进行凿毛处理。当分两幅施工时，纵缝应向行车方向的右侧偏移10cm，标线位置可不凿毛或刻槽。

（6）隧道洞外转向车道水泥混凝土路面应和洞内统筹安排施工，一气呵成。

9.5.2 施工工序

隧道路面施工工序见图9.6。

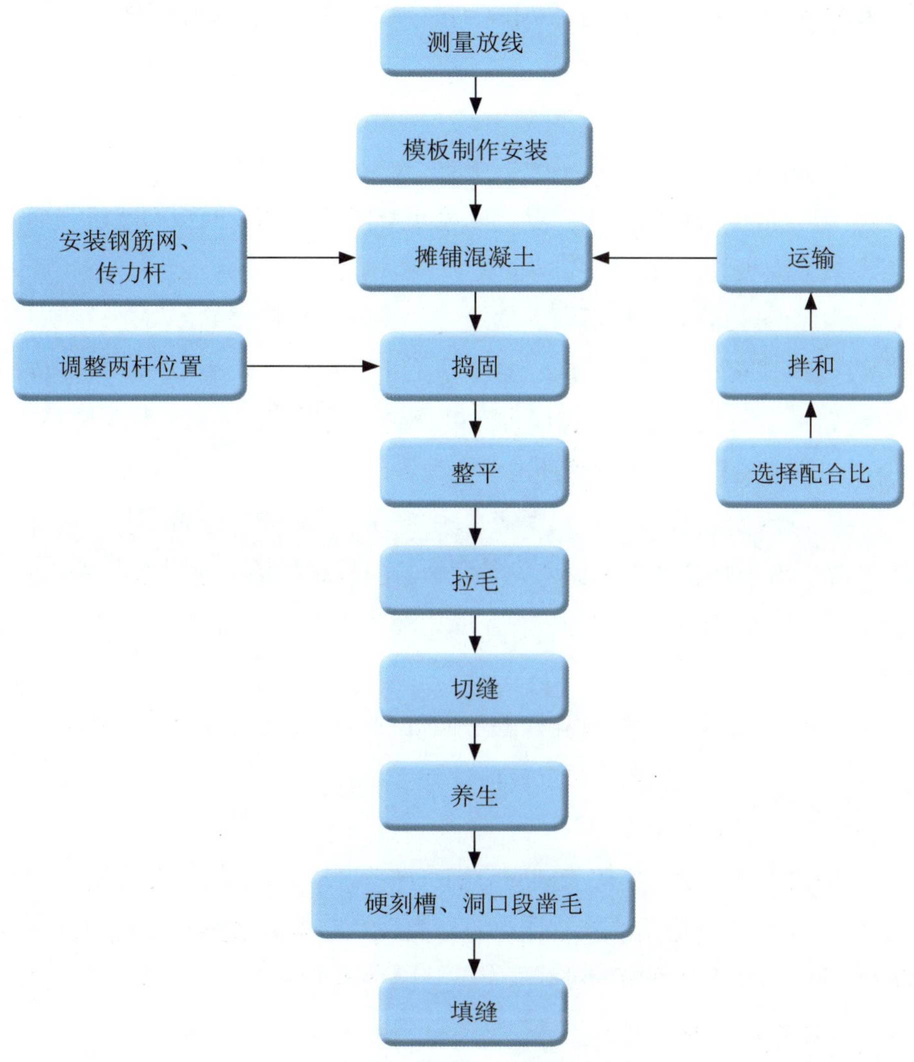

图9.6 隧道路面施工工艺流程图

9.5.3 施工要点

1）基底处理

路面施工前应对整平层进行专项报验，其几何尺寸、高程、纵横向坡度等均应符合设计及规范要求，表面应冲洗干净、不积水，且排水系统良好。当整平层产生纵横向断裂、挤碎、隆起、碾坏或大面积高程偏高而影响路面厚度时，应挖除修复；当整平层只是局部小面积高程偏高影响路面厚度时，应予以凿除处理，确保面板厚度。

2）模板安装

（1）路面施工模板应采用强度、刚度足够的新槽钢，模板高度应与面板设计厚度一致，模板长度宜为3～5m。

（2）模板安装前，应按模板支立边线，将基层与模板的接触带整平，然后沿立模边线将其贴立在基层顶面，对个别不平整处采取处治措施，并用砂浆填塞。模板之间采用螺栓连接，使接头连接紧密。模板侧面每米应埋设1处锚固支撑，保证在浇注混凝土时能经受冲击和振动。

（3）模板应安装稳固，尽头紧密平顺，不得有离缝、前后错茬、高低错台等现象。禁止在基层上挖槽，嵌入安装模板。模板底部悬空处用砂浆封堵，模板接头和拉杆插入孔用塑料薄膜等密封，以免漏浆。模板与混凝土的接触表面应涂隔离剂。

（4）模板安装完毕，应对立模的平面位置、高程、横坡、相邻板高差、顶面接茬平整度等安装精确度进行全面检查。

3）混凝土摊铺

（1）混凝土摊铺前，基层表面应清扫干净，并应洒水湿润，但不得积水。

（2）应由专人指挥车辆均匀卸料。布料应与摊铺速度相适应，摊铺厚度应考虑振实预留高度（数据由铺筑混凝土试验段确定）。

4）混凝土振捣

布料长度大于10m时，可开始振捣作业。采用排式振捣机连续拖行振实时，应匀速缓慢、连续不间断地振捣行进，作业速度应视作业效果确定（以拌和物表面不露粗集料，液化表面不再冒气泡并泛出水泥浆为准），但宜控制在4m/min以内。同时应使用两根手持振捣棒，对靠近模板、钢筋位置等不易振实部位辅以插入式振捣振实。

5）整平

（1）混凝土经振捣机振实后，应立即用三辊轴进行提浆和整平。三辊轴滚压整平时，应有专人处理轴前料位的高低情况，过高时应辅以人工铲除，轴下有间隙时，应使用混凝土找补。

（2）三辊轴整平后，表面宜采用横向通长的铝合金刮尺往返2～3遍进行精确刮平，使混凝土表面的平整度基本达到σ=1.2的要求。同时应进行清边整缝，清除黏浆，修补缺边、掉角。

（3）混凝土用直尺刮平后，待其表面泌水完毕后及时进行精平，可利用混凝土抹光机保证混凝土表面压实、抹光和抹色。

6）接缝施工

（1）纵缝施工：

①为便于水泥混凝土路面标线设置，隧道路面接缝应设置在中心线向左10cm。

②在面板振实过程中，应随即安装纵缝拉杆。为使拉杆安装牢固、水平、居中并与接缝垂直，应用手持振动棒边振捣边调整拉杆，使之符合要求。

③横向面板连接摊铺前，若有发现因跑模而引起纵向施工缝不顺直的，应弹线用切割机进行切割顺直；对模板底部漏浆混凝土也应凿除清理；侧边拉杆应矫正扳直，若发现拉杆松脱或漏插，应钻孔重新植入。

④横向面板连接摊铺时，应在纵向施工缝上半部涂满沥青，然后硬切缝并填缝。

（2）横向缩缝施工：

①不设传力杆假缝均应采用切缝法施工。有传力杆缩缝的切缝深度应为1/3～1/4板厚，最浅不得小于60mm；无传力杆缩缝的切缝深度为1/4～1/5板厚，最浅不得小于50mm。

②缩缝传力杆的施工方法应采用前置钢筋支架法，钢筋支架应具有足够的刚度，传力杆应准确定位，摊铺之前应在基层表面放样，并用钢钎锚杆。宜使用手持振捣棒先振实传力杆高度以下的混凝土，然后再摊铺上层混凝土。传力杆无防黏涂层一侧应焊接，有涂料一侧应绑扎。

（3）横向施工缝施工：

每天摊铺结束或摊铺中断时间超过30min时，应设置横向施工缝，其位置宜与胀缝或缩缝重合。横向施工缝在缩缝处采用平缝加传力杆，施工缝传力杆施工方法同缩缝传力杆。在胀缝处其构造与胀缝相同。

7）胀缝设置与施工

隧道进出口应按要求设置胀缝，洞内需要设置胀缝时，应结合洞内衬砌沉降缝设置。胀缝应采用前置钢筋支架法施工。前置法施工时，应预先加工、安装和固定胀缝钢筋支架，并在使用手持振捣棒振实胀缝两侧的混凝土后再摊铺。宜在混凝土未硬化时，剔除胀缝板上部混凝土，嵌入橡胶泡沫类板材或（20～25）mm×20mm的木条，整平表面。胀缝板应连续贯通整个路面板宽度。

8）灌缝

混凝土面板养生期满后，应及时灌缝，灌缝前应清除接缝中的杂物，并使用压力水和压力空气彻底清除接缝中的尘土及其他污染物，确保缝壁及内部清洁、干燥。

接缝填缝料应符合设计要求。填缝必须饱满、均匀、厚度一致并连续贯通，填缝料不得缺失、开裂和渗水。

9）抗滑构造施工

路面混凝土抗压强度达到40%后即可开始硬刻槽，并宜在两周内完成。刻槽深度应满足1.2mm，宽度3～5mm，槽间距12～24mm。硬刻槽后应随即将路面冲洗干净，并恢复路面的养生。

10）养生

一般在混凝土表面具有一定强度后立即覆盖土工布进行保湿养生，保湿养生天数宜为14～21d，高温天气不宜少于14d，低温天气不宜少于21d。养生期间，禁止车辆和行人在其上行走。

10 安全管理与文明施工

10.1 安全管理

（1）隧道开工前，项目部技术人员应向施工作业人员进行技术和安全交底，详细说明隧道质量和安全的有关技术要求和重大危险源，技术和安全交底台账必须签字确认。

（2）监理单位应按规定认真审查施工单位的质量安全保证体系，审查隧道施工组织设计中的安全技术措施或者专项施工方案是否符合工程建设强制性标准，并监督检查实施情况。对危险性较大的部分、分项工程，还应当审查施工单位是否单独编制安全专项施工方案，并按规定组织专家进行论证、审查。

（3）监理单位应认真监督检查施工单位安全生产费用使用情况，监督施工单位是否用于购买和更新合格的安全防护用具和设施，落实安全施工措施，改善安全生产条件。

（4）高压气、水钢管应尽可能靠近掌子面；软弱围岩地段应配备可手动拆卸的逃生钢管，要求管壁厚不小于10mm，管径大于600mm，每节管长为1 500~2 000mm（图10.1）；钻孔台车应常备卸管头的扳手和应急照明工具。

图10.1　逃生钢管

（5）制订应急预案，备好应急抢险物资，定期组织应急演练（图10.2）。双向掘进的隧道，进出口均应设置一处抢险物资储备点；独头掘进的隧道设置一处抢险物资储备点。

（6）在隧道所有作业台架上安装

防护彩灯或反光标识，确保车辆通行安全；在台架底部配置消防器材，便于应急火灾事故（图10.3）。

a）

b）

图10.2　组织应急演练

图10.3　作业台架安全应急装备布置

（7）爆炸作业及火药物品的管理，必须遵守现行国家标准《爆破安全规程》（GB 6722—2003）的有关规定。对有瓦斯溢出的隧道，应根据工点的地质情况、瓦斯溢出程度和设备条件，制订适宜的施工方案。

（8）运输车辆不得人料混装；洞内运输车辆必须限速行驶（表10.1）；洞内倒车与转向时，必须开灯、鸣笛；洞口、平交道口和狭窄的施工场地，应设置“缓行”标志，必要时宜安排人员指挥交通。

洞内车辆限速表 表10.1

项　目	作业地段	非作业地段	成洞地段
正常行车	10km/h	20km/h	20km/h
会　车	5km/h	10km/h	10km/h

（9）隧道施工是大型连续的综合作业，由于工作场地狭窄，工序复杂，作业面多，人员拥挤，作业环境差，对职工的危害如粉尘、瓦斯、漏水等意外危险时有发生。因此，在隧道内施工必须严格遵守国家和交通运输部的有关标准与规范，人员进入工地开始工作前，应严格执行交接班制度，认真检查机具，保证施工人员作业安全。

10.2 高处作业

（1）进入施工现场必须佩戴安全帽。佩戴安全帽应符合国家现行标准《安全帽》（GB 2811—2007）的有关规定。

（2）悬空高处作业人员应挂牢安全带，安全带的选用与佩戴应符合国家现行标准《安全带》（GB 6095—2009）的有关规定。

（3）隧道施工期间，应采取有效措施对施工现场和建筑物的各种孔洞盖严并固定牢固。

（4）在人员活动集中和出入口处的上方应搭设防护棚。

（5）高处作业的安全技术措施应在施工方案中确定，并在施工前完成，最后经验收确认符合要求。

（6）高处作业的人员应按规定定期进行体检。

（7）梯子不得垫高使用。梯脚底部应坚实并设有防滑措施，上端应有固定措施。

（8）钻孔、铺挂防水板的作业台架应设置防护栏杆、张挂安全网等安全措施。

（9）各种拆除作业（如钢模板、脚手架等）上面拆除时，下面不得同时进行其他作业。

10.3 开挖与运输

1）一般要求

（1）施工所用各种机具设备和劳动保护用品应定期进行检查和必要的试验，保证其经常处于良好状态。不合格的机具设备和劳动保护用品严禁使用。

（2）隧道施工各班组间，应建立完善的交接班制度。在交接班时，交班人应将本班组工作情况及有关安全措施向接班人详细交代，并记载于交接班记录簿内。工地值班负责人应认真检查交接班情况。

（3）如发现隧道内有险情，必须立即在危险地段设立明显标志或派专人看守，迅速报告施工领导人员并及时采取处理措施。若情况严重时，应立即将工作人员全部撤离危险地段。

（4）在洞口或适当处所，设置防火、防水、防毒器材、支撑用料、各种适用工具等急救材料储备库，并保证数量和质量，不得随意挪用，使用后随即补足数量。

（5）所有进入隧道工地的人员，必须按规定佩戴安全防护用品，遵章守纪，听从指挥。

2）开挖

（1）钻眼人员到达工作地点时，应首先检查工作面是否处于安全状态，如支护、顶板及两帮是否牢固稳定，如有松动的石、土块或裂隙，应先予以清除或支护。

（2）凿岩机钻眼时，必须采用湿式凿岩或带有捕尘器的凿岩机。

（3）风钻及电钻钻眼前应对设备、工具、绝缘用品进行检查，不符合要求者应立即修理或更换。不得在工作台上拆卸或修理风、电钻。

（4）使用带支架的风钻钻眼时，应将支架安置稳妥。站在渣堆上作业时，应注意石渣的稳定，防止操作中坍塌伤人。

（5）严禁在残眼中继续钻眼。

（6）电钻钻眼时，钻眼工必须戴绝缘手套、穿绝缘胶鞋。不得用手导引回转钎子，不得用电钻处理被夹住的钎子。

（7）人工开挖土质隧道时，操作人员必须相互配合，并保持安全操作距离。

（8）风钻钻眼时，应先检查机身、螺栓、卡套、弹簧和支架是否正常完好；管子接头是否牢固无漏风；钻杆有无不直、带伤以及钻孔堵塞现象；湿式凿岩机的供水是否正常；干式凿岩机的捕尘设施是否良好。不合要求时应予以修理或更换。

（9）在工作面内不得拆卸或修理风、电钻。

（10）钻孔台车进洞时要有专人指挥，认真检查道路状况和安全限界，其行走速度不得超过25m/min。台车在行走或待避时，应将钻架和机具都收拢到放置位置，就位后不得倾斜，并应刹住车轮，放下支柱，防止移动。

3）装渣运输

（1）各种运输设备装载料具应捆扎牢固不得超限。装载大、长料具时应有显示限界的红灯。

（2）各类进洞车辆必须处于完好状态，制动有效，严禁人料混载。

（3）进入隧道的内燃机械与车辆，必须选用带净化装置的柴油机。施工通风不良、未达到通风防尘要求时，汽油机械与车辆不得进洞。

（4）所有运载车辆均不准超载、超宽、超高运输。装运大体积或超长料具时，应由专人指挥、专车运输，并设置显示界限的红灯。

（5）装渣前，斗车应停稳并制动，解除制动时应使用工具。起动前应鸣笛或吹哨。

（6）卸渣时，应将车停稳制动，严禁站在车斗内扒渣。

（7）机械装渣时，装渣机上的电缆或高压胶管应有专人收放。

（8）对断面较小、井深较浅的斜井装渣时，装渣空车到达井底停稳后，装渣人员才能走出待避所开始装渣；装满后，人员应进入待避所，由信号员与井上联系并发出提升信号，非信号员不得指挥车辆。装渣不能高于车厢。

（9）斜井机械装渣时，只准扒渣机司机在栏杆旁操作，其余人员均退至安全地点。每次装渣后，司机应对机械进行检查、保养，用挡板防护，并注意保护电源线路。

（10）耙斗装渣机的钢丝绳在每次使用后均应检查，如发现在一个捻距内断丝面积超过钢丝绳总面积的10%时，应立即更换。

（11）翻转式斗车应有卡锁，运行及装车时，必须将卡锁锁住。人力推土斗车必须保证刹车良好。人力推车时，应在后方推行，严禁在两侧推行或用肩扛推；仅在上坡时才允许在车前帮助拖拉，但必须注意保持绳的坚固；下坡时，严禁溜放。在视线不良及有障碍物的施工地段，应及时鸣笛。

（12）轨道尽头处应有挡车装置；卸渣轨道应做成1%的上坡道。在坡道上停车应加止轮器。

（13）机动车牵引运输时，非值班司机不得驾驶机动车。除机动车司机、信号员、联结员外，不得搭乘其他人员（乘人车辆除外）。司机不得擅离工作岗位，开车前应发出信号，运行中不应将头、手伸出车外。司机离开座位时，应切断电源，取下控制手柄，扳紧车闸，开亮车灯。机动车的闸、灯、警铃、连接器等，必须保持良好。

（14）列车的制动距离，运物料时不得超过4m，运送人员时不得超过20m。

（15）用运人车辆运送人员时必须遵守下列规定：

①每班发车前，应检查各车的连接装置、轮轴和车闸。

②列车行车速度不得超过10km／h。

③乘车人员应听从司机指挥，所携带工具和零件不得露出车外。列车行驶中和尚未停稳前均不得上下人员。机动车和车辆之间，严禁搭人。车辆不得超载搭人。凡接近车辆限界的施工设备与机械（如停放在洞内的车辆、施工机械、模板台车等），均应在其外缘设置低压红色闪光灯，组成限界显示设施。

（16）车辆行驶应遵守下列规定：

①严禁超车。

②会车时，空（轻）车让重车，重车减速行驶，下坡车让上坡车，两车厢间安全距离至少为50cm。

③同向行驶车辆，前后两车间距离至少20m，洞内能见度较差时，应加大间距。

④洞内车辆相遇或发现洞内有行人时，应闭大光灯，改用小光灯或近光灯。

⑤车辆起动前，应进行瞭望与鸣笛，进出隧道口时应鸣笛，但不得使用高音喇叭。

⑥车辆在使用前应详细检查，不得带病运行。

⑦洞内倒车与转向时，必须开灯、鸣笛或由专人指挥。

（17）洞内车辆行驶时，施工人员必须遵守下列规定：

①行人在人行道上走。

②不准与车辆抢道。

③不准扒车、追车和强行搭车。

10.4 支护与衬砌

1）支护

（1）隧道各部（包括竖井、斜井、横洞）开挖后，除非围岩完整坚硬，否则都必须根据围岩情况、施工方法采取**及时有效**的支护。

（2）对开挖后自稳程度很差的围岩，应采用超前锚杆和挂网喷混凝土的办法立即进行支护。

（3）施工期间，现场施工负责人应会同有关人员对支护各部分定期进行检查。在不良地质地段每班应设专人随时检查，当发现支护变形或损坏时，应立即整修和加固；当变形损坏严重时，应先将施工人员撤离现场，再行加固。

（4）当发现量测数据有突变或异变时，应于量测后1h内通知现场负责人，并立即采取应急措施或通知施工人员暂时撤离危险地段待避。

（5）傍山或浅埋隧道施工时，应控制拱顶的最大允许沉降量，并对洞内拱顶和地表布置的测点定时观测，发现洞内和地表位移值等于或大于允许位移值，以及地面或洞内出现裂缝时，应视为危险警告信号，必须立即通知作业人员撤离现场，待制定处理措施后再行施工。

（6）洞内支护宜随挖随支护，支护至开挖面的距离一般不得超过4m。如遇石质破碎、风化严重和土质隧道时，应尽量缩小支护工作面。

2）衬砌

（1）衬砌工作台上应搭设不低于1m的栏杆，跳板设防滑条，梯子应安装牢固，不得有钉子露头和突出尖角。

（2）工作台、跳板、脚手架的承载重量不得超过设计要求，并应在现场挂牌标明。脚手架与工作台的底板应铺设严密，木板的端头必须搭在支点上，严禁出现探头板。不得以边墙架兼作脚手架。

（3）吊装或拆除拱架、模型板时，工作地段应有专人监护。

（4）在隧道内作业地段倾卸衬砌材料时，人员与车辆不得穿行。

（5）检查、修理压浆机械及管路时，应停机并切断风源与电源。

（6）严禁在洞内熬制沥青；在洞外熬制时，应远离人员和房屋集中的地点。

（7）使用衬砌模板台车时应遵守下列规定：

①台车上不得堆放料具；

②工作台上应铺满底板；

③混凝土两端挡头板应安装牢固；

④应先灌注边墙基础混凝土。

（8）二次衬砌与掌子面的距离不宜大于200m。

10.5 斜（竖）井开挖与运输

1）开挖

（1）装配起爆药卷，应在井上距井口50m以外的加工房内进行。起爆药卷应由爆破工携送下井，除起爆药卷外，不得携带其他炸药。

（2）竖井爆破宜采用塑料导爆管而非电起爆。放炮前必须确认所有人员均撤离井外后，由值班负责人下达放炮命令。

（3）在吊盘上工作人员的工具，应妥善地放在工具袋内，使用时应牢固地拴在身上或其他固定物上。

2）斜井运输

（1）斜井口必须设置挡车器，并设立专人管理。挡车器必须经常处于正位关闭状态，放车时方可打开。车辆在井内行驶过程中（含途中停留），井内严禁人员通行与作业。

（2）当凿井长度大于100m时，应在距井口下20m处设挡车器或挡车栏。在接近井底60m左右或岔前35m处，设第二道挡车器或挡车栏，其正位是关闭状态，放车时方可打开。井口、井下及卷扬机房应有联系信号。提升、下降与停留，应各有明确的色灯和音响等信号规定。

（3）井口应设专职信号员，负责接发车工作。卷扬机司机未得到井口信号员发给信号之前，不得开动。

（4）运送人员的斜井中，必须装设使乘车的车长或乘员在运行途中任何地点都能向卷扬机司机发送紧急信号的装置。

（5）斜井井底停车场应设避车洞。斜井底附近的固定机械、电器设备与操作人员，均应设置在专用洞室之内。

（6）人员上下井，严禁乘坐箕斗或斗车。

（7）斜井的垂直深度超过50m时，应配备人车。使用人车应符合下列规定：

①运送人员的车辆，必须有顶盖，车辆上必须有可靠的防溜装置，当断绳时，能自动发生作用。并应备有可用手操纵的防溜车装置。

②运送人员的列车必须有车长跟随，车长必须坐在列车行驶方向的第一辆车内，手动防溜车装置或制动器手把必须装在该车车长座席处。

③每班运送人员前，必须检查人车的连接装置、保险链和防溜装置；先放一次空车，证实斜井和轨道无引起掉道的危险；并需接到值班负责人的命令后才可发车。

④人车不能超过定员，乘员及捎带的工具不得超出车厢。

（8）斜井提升设备必须按规定定期检验是否良好。

3）竖井提升及设备

（1）施工期间采用吊桶升降人员应遵守下列规定：

①速度不得超过5m/s，无稳绳地段不得超过1m/s，运送爆破器材不得超过1m/s。

②吊桶与提升钢丝绳的连接，应通过钩头连接的方式，防止脱钩。

③吊桶上方应设置保护伞。

④不得在吊桶边缘上坐立，乘坐人员的身体任何部位不得超出桶沿。

⑤自动翻转式吊桶升降人员时，必须有防止吊桶翻转的安全装置。

⑥吊桶提升到地面时，人员必须从地面出车平台进出吊桶，并应在吊桶停稳和井盖门关闭以后进出吊桶。双吊桶提升时，井盖门不得同时打开。

⑦当吊桶通过吊盘喇叭口接近井口或井底时，均应减速。

（2）升降人员和物料的罐笼必须符合下列要求：

①罐顶应设置铁盖或铁门。

②罐底必须铺钢板，并不得有孔。如果罐底下面有阻车器的连杆装置时，必须设牢固的检查门。

③两侧用钢板挡严，内装扶手；靠近要道部分不得装带孔的钢板。

④进出口两头必须装设罐门或罐帘，高度不得小于1.2m。罐门或罐帘下部距罐底的距离不得超过0.25m，罐门不得向外开。

⑤进出装渣车的罐笼内必须装有阻车器。

⑥提升或下放的最大载重量，应在井口公布。

⑦罐笼装载人数应按每人在笼内最少占有0.18m^2的有效面积计算；罐笼净空高度不得小于1.8m；罐笼的一次容纳人数和最大载重量应明确规定，并在井口公布。

⑧提渣、升降人员和下放物料的速度不得超过3m/s，加速度不得超过0.25m/s^2。

⑨提升容器、连接装置、防坠器、罐耳、罐道绳、阻车器、托台、装卸渣设备、天轮、钢丝绳以及卷扬机各部分，必须设专人检查。工程队（段）每周检查一次，处机电科每月检查一次，发现问题应责成专人限期处理并作出记录。不得使用有损伤的罐笼。

⑩罐笼升降作业时，下面不得停留人员。

（3）罐道和罐耳的磨损程度不得超限。

（4）金属井架应每年涂油一次，井筒罐道梁和其他装备，应根据锈蚀程度涂防腐剂，每年不得少于两次。

（5）检修井筒或处理事故的人员，需要站在罐笼或箕斗顶上工作时，必须遵守下列规定：

①在罐笼或箕斗顶上必须装设保护伞和栏杆。

②佩戴保险带。

③提升容器的速度，一般为0.3～0.5m/s，最大不超过2m/s。

（6）每一提升装置，必须装有从井底联络员发给井口联结员和井口联络员发给卷扬机司机的信号装置，井口信号装置必须用卷扬机的控制回路闭锁。联络员发出信号后，卷扬机才能起动，除常用的信号装置外，还必须有备用信号装置。井底车场和井口之间，井口和卷扬机司机之间，除上述信号装置外，还必须设直通电话或传话筒。一套提升装置供给井中各洞室使用时，各洞室都必须设有信号装置和闭锁，所发出的信号必须有区别。

（7）井底车场的信号必须经由井口联络员转发，井底车场不得直接向卷扬机司机发信号。但有下列情况之一时，不在此限：

①发送紧急停车信号。

②用箕斗提升（不包括带乘人间的箕斗）。

4）钢丝绳和连接装置

（1）升降人员或料具用的钢丝绳，自悬挂之日起，应每隔6个月试验一次；悬挂吊盘用的钢丝绳，每隔12个月试验一次。

（2）单绳缠绕式提升用的新钢丝绳，专为升降人员用悬挂时的安全系数应大于9。

（3）提升钢丝绳必须由专人负责，每日检查一次，对易损坏、断线或锈蚀较多的部位，应停车详细检查，断丝的突出部分应在检查时剪下，检查结果记入钢丝绳检查记录本中。

（4）提升或制动钢丝绳出现下列情况时，必须更换：

①提升和制动钢丝绳直径减少10%。

②罐道钢丝绳直径减少15%。

③钢丝绳的钢丝有变黑、锈皮、点蚀麻坑等损伤时，不得用于升降人员。

④钢丝绳锈蚀严重，点蚀麻坑形成沟纹，外层钢丝松动时，必须更换。

⑤钢丝绳如遭受突然停车等猛烈拉力时，必须立即停车检查。遭受猛烈拉力

的一段，发现有损坏或其长度增加0.5%以上时，必须更换。钢丝绳使用后期，断丝数突然加快（例如连续3d出现显著伸长，或在某一捻距内每天都有断丝出现），必须立即更换。

⑥使用中的钢丝绳必须作定期试验，专为升降人员用的钢丝绳，安全系数小于7时，必须更换。

⑦专为升降人员与人员和物料共用的各种钢丝绳在一个捻距内断丝截面积同钢丝总截面积之比达到5%时，必须更换。

（5）升降人员和人员与物料共用的提升装置；运送人员车辆的每一个连接器、钩环和保险链，其连接装置和其他部分安全系数必须达到13。

（6）开凿竖井和斜井时，升降人员和物料的提升装置的连接装置，不得作其他用途，使用前必须用其最大静荷载两倍的拉力进行试验；使用期内，至少每三个月做同样试验一次，每两年至少更换一次。

5）**提升装置**

（1）提升装置必须装设下列保险装置：

①防止过卷装置，当提升容器超过正常卸载位置（或出车平台）0.5m时，必须能自动断电，并能使保险闸发生作用。

②防止超速装置，当提升速度超过最大速度15%时，必须能自动断电，并能使保险闸发生作用。

③超负荷或欠电压保护装置。

④当提升速度超过3m/s，必须安装速度限制器，保证提升容器在达到井口时的速度不超过2m/s；限速器凸轮板的旋转角度不应小于270°。

⑤防止闸瓦过度磨损时的警铃和自动断电的保护装置。

⑥缠绕式提升装置，必须设松绳信号装置，并应将松绳保护接入安全回路。

（2）提升绞车必须装设深度指示器、开始减速时能自动示警的警铃、司机不离座位即能操纵的常用闸和保险闸。常用闸和保险闸共同使用一套闸瓦制动时，操纵部分必须分开，双滚筒提升绞车的两套闸瓦的传动装置必须分开。

（3）每一主要提升装置必须配备正、副司机，在交接班和人员上下井的时间内，必须由正司机开车，副司机在旁监护。升降人员前，应先开一次空车，检查绞车动作情况是否完好，连续运转时可不在此限。

10.6 通风、防尘

（1）隧道内的空气成分，应每月至少取样分析一次；风速、含尘量每月至少检测一次。

（2）无论通风机运转与否，严禁人员在风管的进出口附近停留。

（3）通风机停止运转时，任何人员不得靠近通风软管行走和在软管旁边停留；不得将任何物品放在通风管或管口上。

（4）隧道施工必须采用综合防尘措施，定期检查测定粉尘浓度。

（5）凿岩和装渣工作面，应做好下列防尘工作：

①放炮前后必须进行喷雾与洒水。

②出渣前应用水淋透渣堆和喷湿岩壁。

③在压入式的出风口，宜设置喷雾器。

（6）防尘用水，固体质含量不应超过50mg/L，大肠杆菌不得超过3个/L。水池应保持清洁，并有沉淀或过滤设施。

（7）喷射混凝土宜采用湿喷。如采用干喷时，应加强通风与照明，并采取防尘措施以减低粉尘浓度。

10.7 防火、防水

（1）洞口、井口的施工区均应设置有效而足够的消防器材，并放在明显易取的位置上，设立明显标志。各种器材应定期检查补充和更换，不得挪作他用。

（2）各施工单位应组织受过训练的人员担任义务消防员。必要时应配备专业消防人员。

（3）火源应距洞口、井口至少30m以外。库房20m以内严禁烟火。

（4）洞内及各洞室不应存放油料及其他易燃物品，清洗风动工具的洞室应安装外开的防火门。

（5）洞内机电洞室、料库、皮带运输机等处所均应设置有效的消防器材。

（6）洞口20m以内的杂草必须铲除干净。在林区施工时，应按林区规定设置隔火带。

（7）洞内严禁明火作业与取暖。

（8）对地下水丰富和地质条件复杂的地层，在施工前必须制订妥善的防排水措施，备足适宜的排水设备。

10.8 电气设备

1）**动力线路**

（1）主要通风机、竖井提升人员的绞车、抽放有害气体的主要设备房，应有两路直接由配电室馈出的供电线路。在受条件限制时，其中一路可由上述同种设备房的配电装置接引。上述供电线路应来自各自的变压器和母线段；线路上不应分接任何负荷。

（2）洞内检修、搬迁电气设备（包括电缆和电线）时，应切断电源，并悬挂“有人工作，不准送电”的警告牌。

2）**电气设备**

（1）操作洞内电气设备，必须符合下列规定：

①非专职电气值班人员，不得操作电气设备。

②操作高压电气设备主回路时，必须戴绝缘手套，穿电工绝缘靴并站在绝缘板上。

③手持式电气设备的操作手柄和工作中必须接触的部分，应有良好绝缘。使用前应进行绝缘检查。

④低压电气设备宜加装触电保护器。

（2）电气设备外露的转动和传动部分（如靠背轮、链轮、皮带和齿轮等），必须加装遮拦或防护罩。

（3）洞内防爆电气设备，在安装前应由合格的防爆电气检查人员检查其安全性能，合格后方准安装。使用期间应定期进行测试与检查。

（4）直接向洞内供电的供电线上，严禁装设自动重合闸；手动合闸时，必须与洞内值班员联系。

（5）36V以上的电气设备和由于绝缘损坏可能带有危险电压设备的金属外壳、构架等，必须有保护接地。电气设备的保护接地，每班均应由当班人员进行一次外表检查。

（6）电气设备的检查、维修和调整工作，必须由专职的电气维修工进行。

（7）通风机房、绞车房、变电所等必须设有事故照明设备。

（8）洞内照明的灯光应保证亮度充足、均匀且不闪烁。

（9）凡易燃、易爆等危险品的库房或洞室，必须采用防爆型灯具或间接式照明。

（10）电气设备应做到防雨、防潮，挂有防触电标志，避免漏电事故。

（11）检查电气设备时，应穿绝缘鞋和戴绝缘手套。

（12）了解应检查的电器设备的具体状况后，再进行具体检查。检查时禁止用手触摸，用相应的电器经试验确认是否有电，再进行工作。

（13）检查高压电器设备时，检修人员与裸导体应保持1.8m以上的安全距离。同时应停电检修的必须停电检修，防止发生触电和烧毁试验仪表事故。

10.9 软岩与不良地质隧道作业

（1）对不良地质隧道施工，应采取先治水、管超前、弱爆破、短开挖、强支护、紧封闭，早衬砌、勤量测的施工方法。施工人员进入工地后，应首先观察工作面是否处于安全状态，如发现隧道内有塌方的迹象时，应在危险地段设立明显标志并设专人监守，同时迅速报告施工负责人及时采取有效措施。情况严重时，应立即将全部工作人员撤离危险地段。

（2）如发生塌方时，应积极处置和抢救，首先清点人数，其次清理主要机具设备，并详细记入施工日志，分析塌方的原因，吸取教训；同时拟定切实可行的清方、支护、掘进、安全等措施后方可继续施工。

（3）对浅埋的软弱地层，应先进行地层加固，再进行开挖。

（4）施工时应对洞内拱部和洞顶地表进行定点（含纵向和横向）监测，

发现变形量加大或变形量加快时应暂停开挖，分析原因并采取稳定围岩的有力措施。

（5）开挖中发现流沙、流泥与涌水时，应立即停止开挖，采取防止措施。在未制定出有效措施之前，不得掘进。

10.10 文明施工

1）施工照明

（1）隧道内用三相四线制TN-S供电系统，所有配电盘和开关全部进行责任人和用途标识，隧道内潮湿地段全部采用36V以下安全电压照明，保证施工用电安全。

（2）照明和动力线路安装在同一侧时，必须分层架设。110V以下电线离地面距离不应小于2m，400V时应大于2.5m，6～10kV时不应小于3.5m（图10.4）。

图10.4 安全电压照明的架设

（3）成洞段每6～8m设一个固定灯，电线敷设应整齐划一（图10.5）；近掌子面40m内若无敷线，应配备移动式照明灯具，保证洞内照明充足；不安全因素较大的地段应加大照度。在主要交通道路、洞内抽水机站应设置安全照明，漏电地段照明应采用防水灯头和灯罩。具体布置要求见表10.2。

图10.5　成洞段内固定灯

照明布置要求　　表10.2

工作地段	照明布置
开挖面后40m以内作业段落	两侧采用36V、500W卤钨灯各2盏
开挖面后40m至二次衬砌作业区段	每隔20m，左右侧各安设400W高压钠灯1盏
模板台车衬砌作业段	台车前台10~15m增设400W高压钠灯1盏，台车上亮度不足时增设36V、300W或500W卤钨灯
成洞地段	每隔6~8m安设50W节能灯

2）隧道施工通风与防尘

（1）隧道施工应采取通风、洒水等防尘措施，施工人员应佩戴防尘口罩，搞好个人防护，并定期测试粉尘和有害气体的浓度，项目业主可定期委托环保部分进行检测。在整个施工过程中，作业环境应符合下列职业健康及安全标准：

①空气中氧气含量（按体积计）不得小于20%。

②粉尘允许浓度，每立方米空气中含有10%以上的游离二氧化硅的粉尘不得大于2mg，每立方米空气中含有10%以下的游离二氧化硅的矿物性粉尘不得大于4mg。

③有害气体最高允许浓度：

a. 一氧化碳的最高允许浓度为30mg/m³，在特殊情况下，施工人员必须进入工作面时，浓度可为100mg/m³，但工作时间不得大于30min；

b. 二氧化碳按体积计不得大于0.5%；

c. 氮氧化物（换算成NO_2）为5mg/m³以下；

d. 隧道内气温不得高于28℃；

e. 隧道内噪声不得大于90dB。

（2）通风方式的选择与布设应根据施工方法、设备条件、掘进长度、开挖面积以及污染物的含量与种类等情况确定。

（3）隧道掘进200m以上，隧道施工必须实施管道通风。宜采用大功率风机、大直径风筒压入式通风，长隧道应考虑混合通风方式。通风应能满足洞内各项作业所需最大风量，确保洞内每人供应3m³/min的新鲜空气。

（4）隧道通风应设专人管理，定期维护通风系统。通风机运转时，严禁人员在风管的进出口附近停留；通风机停止运转时，任何人员不得靠近通风软管行走或在软管旁边停留，不得将任何物品放在通风管或管口上。隧道口通风管如图10.6所示。

图10.6　隧道口通风管

（5）长大隧道在凿岩和装渣工作面应做好下列防尘工作：

①放炮后须进行喷雾和洒水；

②出渣前用水淋透渣堆；

③在压入式的出风口，应设置喷雾器；

④风管出口与掌子面距离不得大于15m，并做好爆破时对风管的保护工作。

3）成品保护

（1）已完成衬砌段落应及时挂牌标明里程桩号，标志牌按20cm×10cm制作，白底红字（图10.7）。同时应加强对成品的保护。

图10.7 里程桩号标志牌

（2）对二次衬砌施工环接缝进行处理时，采用弧度尺画线，切割机切缝，缝深约2cm，不整齐处进行局部修凿或经砂轮机打磨后，用高强度等级水泥砂浆修饰，用钢镘刀抹平，使施工缝圆顺整齐。

（3）监控量测各预埋测点设置专用标识牌，标明测点的名称、部位、编号、埋设日期等。应加强教育，提高所有进洞人员的保护意识，对测点进行妥善保护，不得任意撤换或遭到破坏。

参考文献

[1] 关宝树. 隧道工程施工要点集[M]. 北京：人民交通出版社，2003.

[2] 铁道部隧道工程局. 隧道与地下工程施工技术安全管理和操作控制要点[M]. 北京：中国铁道出版社，1993.

[3] 中华人民共和国行业标准. JTG F60－2009　公路隧道施工技术规范[S]. 北京：人民交通出版社，2009.

[4] 中华人民共和国国家标准.GB 50086－2001　锚杆喷射混凝土支护技术规范[S]. 北京：中国计划出版社，2001.

[5] 中华人民共和国行业标准. JTG F80/1－2004　公路工程质量检验评定标准　第一册　土建工程[S]. 北京：人民交通出版社，2004.